Carl Whittaker
Las psicosis de la inteligencia artificial

bup

Carl Whittaker

Las psicosis de la inteligencia artificial

ISBN 978-3-68904-556-2
Número de pedido 1465 (Rústica)
También disponible como libro electrónico

Bremen University Press, 2024.
El manuscrito no puede ser utilizado ni total ni parcialmente sin el consentimiento previo por escrito del editor.

Primera edición
Julio de 2024
bup@bremenuniversitypress.com
www.bremenuniversitypress.com

Carl Whittaker
Las psicosis de la inteligencia artificial

Contenido

INTRODUCCIÓN   **5**

DEFINICIÓN Y VISIÓN GENERAL DE LA INTELIGENCIA ARTIFICIAL   9
INTRODUCCIÓN AL CONCEPTO DE "PSICOSIS" EN LOS SISTEMAS DE IA
    10
¿POR QUÉ "PSICOSIS"?   12
RELEVANCIA DEL TEMA   17

NOCIONES BÁSICAS DE INTELIGENCIA ARTIFICIAL   **21**

FUNCIONAMIENTO GENERAL DE LOS SISTEMAS DE IA   21
ALGORITMOS DE APRENDIZAJE (APRENDIZAJE SUPERVISADO, NO SUPERVISADO)   23
REDES NEURONALES Y APRENDIZAJE PROFUNDO   27
FUNCIÓN E IMPORTANCIA DE LOS DATOS DE FORMACIÓN   31
CALIDAD Y CANTIDAD DE DATOS   36
LA INFLUENCIA DE LOS DATOS EN EL DESARROLLO DE LA IA   39
LA COMPLEJIDAD DEL MODELO Y SUS EFECTOS   43
SIMPLICIDAD FRENTE A COMPLEJIDAD   46
SOBREADAPTACIÓN E INADAPTACIÓN   50

FENÓMENOS DE "PSICOSIS" EN LA IA   **54**

DESCRIPCIÓN DEL MAL COMPORTAMIENTO EN LOS SISTEMAS DE IA   54
EJEMPLOS DE COMPORTAMIENTO INESPERADO O INCORRECTO   55
DECISIONES SESGADAS (BIAS)   55
INTERPRETACIONES ERRÓNEAS Y ALUCINACIONES   58
COMPARACIÓN CON LAS PSICOSIS HUMANAS   60

CAUSAS DE LAS "PSICOSIS" EN LA IA   **65**

DATOS DE FORMACIÓN INCORRECTOS O CONTRADICTORIOS	65
CALIDAD Y DIVERSIDAD DE LOS DATOS	68
SOBREAJUSTE Y COMPLEJIDAD DEL MODELO	71
EL SESGO DE LOS DATOS Y SUS EFECTOS	75
TIPOS DE SESGO (CULTURAL, DEMOGRÁFICO)	75
CASOS PRÁCTICOS DE SISTEMAS DE IA CON PROBLEMAS DE PARCIALIDAD	78
SUSCEPTIBILIDAD A LAS ENTRADAS INCORRECTAS	81
IMPORTANCIA DE LA ROBUSTEZ PARA LA FIABILIDAD	85

CONSECUENCIAS Y RIESGOS DE LA IA PSICÓTICA — 89

EFECTOS SOBRE LAS DECISIONES Y LOS SISTEMAS	89
DECISIONES EQUIVOCADAS EN ÁMBITOS SENSIBLES (JUSTICIA, MEDICINA, ETC.)	91
DAÑOS ECONÓMICOS POTENCIALES	93
ACEPTACIÓN SOCIAL DE LA IA	95
CONFIANZA EN LOS SISTEMAS DE IA	98
IMPORTANCIA DE LA CONFIANZA PARA LA ACEPTACIÓN	100
CONSECUENCIAS DE LA PÉRDIDA DE CONFIANZA	102

ESTRATEGIAS DE PREVENCIÓN Y CONTROL — 104

VALIDACIÓN Y DEPURACIÓN DE DATOS	104
TÉCNICAS PARA EVITAR EL SOBREAJUSTE	106
ROBUSTEZ EN LA MODELIZACIÓN	110
CONTROLES DE PARCIALIDAD Y SEGUIMIENTO PERIÓDICO	113
TÉCNICAS PARA IDENTIFICAR Y CORREGIR LOS SESGOS	115
IDENTIFICACIÓN DE SESGOS	116
CORRECCIÓN DEL SESGO	117
PARTICIPACIÓN DE LAS PARTES INTERESADAS	138
HERRAMIENTAS Y MARCOS PARA EL ANÁLISIS DE SESGOS	138

AI EQUIDAD 360 139
INDICADORES DE EQUIDAD 141
FAIRLEARN 142
HERRAMIENTA Y SI... 145
THEMIS-ML 147
LIME (EXPLICACIONES AGNÓSTICAS DEL MODELO INTERPRETABLE LOCAL) 149
SHAP (SHAPLEY ADDITIVE EXPLANATIONS) 151
DEON (HOJAS DE DATOS PARA CONJUNTOS DE DATOS) 153
TRANSPARENCIA EN ALGORITMOS Y MODELOS **156**
IA EXPLICABLE (XAI) 156
MÉTODOS DE MODELOS INTERNOS 158
DOCUMENTACIÓN Y COMUNICACIÓN 159
FICHAS TÉCNICAS DE LOS CONJUNTOS DE DATOS 160
LA IMPORTANCIA DE LA TRANSPARENCIA PARA LA CONFIANZA **162**
APLICACIÓN DE PROTOCOLOS DE SEGURIDAD **165**
SEGURIDAD Y PROTECCIÓN DE DATOS 166
MODELO E INTEGRIDAD DEL SISTEMA 166
PROTECCIÓN CONTRA ATAQUES DE ADVERSARIOS 167
PRÁCTICAS DE DESARROLLO SEGURAS 167
PROTECCIÓN DE DATOS Y CUMPLIMIENTO 168
SUPERVISIÓN CONTINUA Y RESPUESTA A INCIDENTES 168
FORMACIÓN Y SENSIBILIZACIÓN 169

PERSPECTIVAS DE FUTURO 170

EVOLUCIÓN ACTUAL DE LA INVESTIGACIÓN EN IA SOBRE LA
PREVENCIÓN DE ERRORES **170**
MEJORAR LA EXPLICABILIDAD Y LA TRANSPARENCIA 170
INTEGRACIÓN DE LOS ASPECTOS ÉTICOS Y JURÍDICOS 171
AVANCES EN ROBUSTEZ Y SEGURIDAD 171
DESARROLLO DE MODELOS HÍBRIDOS 171
APRENDIZAJE AUTOMÁTICO (AUTOML) 172

USO DEL APRENDIZAJE FEDERADO	172
ALGORITMOS MEJORADOS DE DETECCIÓN DE SESGOS Y EQUIDAD	173
USO DE LA INFORMÁTICA CUÁNTICA	173
AMPLIACIÓN DE LA COOPERACIÓN INTERDISCIPLINAR	174
NUEVOS ENFOQUES EN EL TRATAMIENTO DE DATOS Y LA MODELIZACIÓN	**175**
APRENDIZAJE POR TRANSFERENCIA	175
APRENDIZAJE AUTODIRIGIDO	176
APRENDIZAJE A POCOS	176
MODELOS GENERATIVOS	176
REDES NEURONALES GRÁFICAS (GNN)	177
APRENDIZAJE POR REFUERZO (RL)	177
IA EXPLICABLE (XAI)	177
MÉTODOS BAYESIANOS	178
INTELIGENCIA ARTIFICIAL EDGE	178
MODELOS MULTIMODALES	179
APRENDIZAJE PERMANENTE	179
INICIATIVAS Y PROYECTOS DE INVESTIGACIÓN	**180**
CONCLUSIÓN	**185**

Introducción

Quizá algunos lectores recuerden la película de ciencia ficción "Dark Star", de John Carpenter, de los años setenta.

Tres astronautas recorren el espacio en una nave espacial llena de basura para derribar asteroides perdidos antes de que dañen la Tierra. El conjunto desarrolla un cierto ímpetu desordenado por sí mismo debido a la ligereza hippie de los protagonistas, por lo que las bombas (¡dotadas ya entonces de inteligencia artificial!) empiezan a escudriñar la situación y a formular preguntas cada vez más sensatas, cuyas respuestas lógicamente coherentes les llevan finalmente a hacerlo explotar todo de forma autónoma y lógica. Para eso fueron creados. Hágase la luz, y se hizo la luz. La IA ha encontrado una solución.

Hoy en día, los absurdos tienden a localizarse en otra parte.

"¿Qué tiempo hará mañana?"

"El tiempo es un ciclo sin fin y todos somos polvo en el viento", seguido de "¿Has oído alguna vez el sonido del silencio? Es más fuerte de lo que crees" y, por último, "Las galaxias giran y el helado de chocolate ha ganado el universo". Probablemente todo correcto, pero no muy útil.

Cualquiera que tenga un poco de experiencia en el trato con enfermos mentales sabrá inmediatamente de qué estoy hablando. Pero probemos suerte con cosas más tangibles.

Es hora de salir de aquí. Pedimos al móvil que calcule la ruta hasta la dirección del nuevo amigo. Siempre nos da buenos consejos.

"El camino a tu destino conduce a través de los sueños de un gigante dormido", seguido de "Las calles son como laberintos en un juego sin fin" y "Sigue las sombras del pasado para encontrar la llave del futuro".

¿Se ha vuelto loca la vieja IA? Si es así, ¿a qué se debe? ¿Qué se puede hacer? ¿Qué tenemos que hacer si no queremos convertirnos en víctimas de la irracionalidad? Por último, ¿por qué todo esto nos parece tan terriblemente psicótico?

Pues porque las personas enfermas en fase aguda también suelen reaccionar así o de forma parecida. ¿Significa esto que la IA, nuestro mejor y más barato empleado, puede ser psicótica? Si es así, ¿qué podemos, qué debemos hacer para curarlos? Probablemente, el hospital más cercano no se declarará responsable. Pero, ¿no son los mismos síntomas?

Las psicosis suelen ser trastornos mentales graves en los que se pierde el contacto con la realidad. Los síntomas típicos incluyen alucinaciones, delirios, pensamiento y comportamiento desorganizados, así como graves deficiencias en el ámbito social. También es típico que terceras personas no entiendan al afectado o lo hagan con dificultad. Incomprensible, incomprensible para la persona supuestamente normal, sin ninguna lógica. Un caso para el psiquiatra. Y a menudo no saben qué hacer.

Esto no puede ocurrir con un programa, ya que no tiene pensamiento ni comportamiento que pueda desorganizarse. ¿O no? ¿Qué nos espera? Una cosa es una previsión meteorológica incorrecta, pero un coche de conducción autónoma con intenciones suicidas tiene otra cualidad. O un misil nuclear con mente propia...

Este libro sobre "Psicosis de la IA" puede considerarse una continuación lógica de mi libro sobre "Psicología de la IA", publicado por la misma editorial hace unos seis meses, ya que ambos temas están estrechamente relacionados.

En el libro sobre la psicología de la IA, estudiamos los principios y mecanismos psicológicos fundamentales que conducen al desarrollo y, por tanto, también a la complejidad de la inteligencia artificial. Analizamos cómo los sistemas de IA intentan imitar los procesos cognitivos humanos, la toma de decisiones, el comportamiento de aprendizaje y la simulación emocional, y por tanto también los errores humanos. El objetivo era comprender cómo puede programarse la inteligencia artificial para imitar de forma realista el comportamiento y los procesos de pensamiento humanos. Con todos sus defectos, claro.

Dado que la psicosis se caracteriza por profundas alteraciones de la percepción, el pensamiento y la realidad, hemos investigado cómo y por qué los sistemas de IA producen a veces resultados impredecibles, ilógicos o irracionales. Hemos analizado cómo se producen esos fallos, cómo se detectan y qué medidas se toman para evitarlos.

Este libro sobre la psicosis de la IA explorará en profundidad cómo surgen estos errores, cómo pueden reconocerse y evitarse, y qué lecciones pueden aprenderse para desarrollar sistemas de IA más robustos y fiables. El primer libro proporciona fundamentos teóricos, mientras que este segundo libro ofrece ejemplos prácticos y estudios de casos que muestran cómo los principios teóricos pueden fallar en la práctica. Esta combinación ayuda a reforzar la teoría al tiempo que se comprenden las implicaciones prácticas.

Este libro sobre las psicosis de la IA amplía así la comprensión de la psicología de la IA mediante el análisis de las anomalías y ofrece una visión de los retos y limitaciones de la actual tecnología de IA. Pretende demostrar que el estudio de la psicología de la IA implica no sólo una comprensión del funcionamiento normal de estos sistemas, sino que también requiere un examen de sus disfunciones y anomalías para reconocer toda la gama de sus posibilidades y limitaciones. El desarrollo y la mejora constantes de la IA exigen un seguimiento y una adaptación continuos para garantizar que los sistemas funcionen de forma fiable y sensata y que se minimicen sus riesgos potenciales.

Inteligencia artificial

En pocas palabras, la inteligencia artificial se refiere a la capacidad de las máquinas para realizar tareas que normalmente requieren inteligencia humana. Esto incluye aprender de la experiencia, entender el lenguaje natural, reconocer patrones, tomar decisiones y resolver problemas complejos. Los sistemas de IA utilizan algoritmos y modelos basados en grandes cantidades de datos para reconocer patrones y hacer predicciones.

El campo de la inteligencia artificial abarca varias subáreas, como el aprendizaje automático, en el que los sistemas aprenden de los datos y mejoran su rendimiento con el tiempo, y el aprendizaje profundo, una forma especializada de aprendizaje automático basado en redes neuronales artificiales. Otros ámbitos de la IA son el procesamiento del lenguaje natural, que permite a las máquinas comprender y generar el habla humana, y la robótica, en la que las máquinas realizan tareas físicas de forma autónoma.

Históricamente, la IA lleva desarrollándose desde los años 50, cuando se crearon los primeros algoritmos para resolver problemas y jugar al ajedrez. En las últimas décadas, los avances en potencia de cálculo, disponibilidad de datos y desarrollo de algoritmos han propiciado avances significativos. Los sistemas de IA actuales pueden utilizarse en muchos ámbitos, desde el diagnóstico médico y los vehículos autónomos hasta el reconocimiento de voz, el procesamiento de imágenes y mucho más.

Sin embargo, los sistemas de IA no están exentos de desafíos. Las cuestiones éticas y de seguridad son cada vez más importantes, sobre todo en lo que respecta a la toma de decisiones y el posible impacto en los puestos de trabajo y la privacidad.

En pocas palabras, la inteligencia artificial es un campo de investigación diverso y dinámico que pretende dotar a las máquinas de capacidades que tradicionalmente se han considerado exclusivamente humanas. A medida que la tecnología sigue desarrollándose, la IA tiene el potencial de revolucionar muchos aspectos de nuestras vidas, al tiempo que debe prestarse cuidadosa atención a las implicaciones éticas y sociales.

Una descripción más detallada de la metodología de la inteligencia artificial puede encontrarse en el volumen "Psicología de la IA". Este volumen, por su parte, examina los mecanismos y procesos subyacentes que permiten a los sistemas de IA simular un comportamiento y un pensamiento similares a los humanos.

El concepto de psicosis en los sistemas de IA

El concepto de "psicosis" en los sistemas de IA se refiere a situaciones en las que la inteligencia artificial muestra un comportamiento que parece irracional, impredecible o ilógico y, por tanto, se asemeja a los trastornos psicóticos humanos. En psicología humana, la psicosis se caracteriza por una pérdida de referencia a la realidad, a menudo combinada con alucinaciones y delirios. Aplicado a la IA, significa que el sistema produce resultados o comportamientos que se desvían en gran medida de la norma esperada y no tienen una conexión clara con los datos subyacentes o la tarea en cuestión.

Esta situación en los sistemas de IA puede deberse a varios factores. Uno de los principales es el tratamiento incorrecto de los datos. Si una IA se entrena con datos insuficientes, erróneos o muy sesgados, puede dar lugar a resultados impredecibles e ilógicos. Otro problema puede residir en la arquitectura del algoritmo, si modelos complejos como las redes neuronales presentan interacciones inesperadas entre las distintas capas y neuronas. Los errores técnicos, como fallos en el software o en el hardware, también pueden hacer que la IA muestre un comportamiento anómalo.

Un ejemplo de este tipo de reacción psicótica de una IA podría ser el asistente de voz descrito anteriormente, que responde a una simple pregunta sobre el tiempo con afirmaciones crípticas o surrealistas que no tienen ninguna relación reconocible con la consulta. En lugar de dar una respuesta concreta, el asistente podría hablar de repente de conceptos filosóficos o escenarios absurdos. Estas anomalías también pueden producirse en la generación de imágenes, cuando una IA crea imágenes que muestran combinaciones extrañas y anatómicamente imposibles.

Investigar estos fenómenos es importante para mejorar la fiabilidad y seguridad de los sistemas de IA. Al comprender las causas de estos fallos, los desarrolladores pueden diseñar mejores algoritmos y sistemas más robustos que sean menos susceptibles a tales anomalías. Además, esta investigación ayuda a reconocer las limitaciones de la actual tecnología de IA y a abordar aspectos éticos y de seguridad.

En general, el concepto de psicosis en los sistemas de IA proporciona una metáfora útil para describir el modo en que la IA puede reaccionar de forma incorrecta o desviada. Subraya la necesidad de supervisar cuidadosamente y mejorar continuamente los modelos de IA para garantizar que funcionen de forma fiable y sensata y que sus aplicaciones sean seguras y éticas.

¿Por qué "psicosis"?

Utilizar el término psicosis como metáfora de ciertos comportamientos de la inteligencia artificial es una forma vívida de ilustrar el modo en que los sistemas de IA pueden ofrecer resultados impredecibles, irracionales o ilógicos en determinadas circunstancias. Esta metáfora ayuda a poner fenómenos técnicos complejos en una forma comprensible también para los profanos. La analogía con la psicosis humana ofrece una explicación tangible de los resultados a menudo confusos y anómalos que pueden producir los sistemas de IA cuando se encuentran con problemas.

Una razón clave para el uso de esta metáfora radica en la comparación con las experiencias humanas. En los humanos, la psicosis se caracteriza por una importante pérdida de referencia con la realidad, a menudo acompañada de alucinaciones y delirios. Cuando los sistemas de IA ofrecen resultados que se desvían mucho de la norma esperada y no tienen una relación clara con los datos introducidos o las tareas establecidas, se trata de una reminiscencia de un estado en el que la percepción de la realidad está perturbada. Esta analogía facilita la comprensión de por qué y cómo los sistemas de IA pueden producir ocasionalmente resultados extraños e ilógicos.

La metáfora de la psicosis también ayuda a ilustrar los resultados imprevisibles e irracionales que pueden producir los sistemas de IA. Del mismo modo que las personas con psicosis pueden hacer de repente declaraciones o acciones imprevisibles y a menudo aparentemente irracionales, los sistemas de IA pueden, en determinadas condiciones, producir comportamientos o resultados incomprensibles e ilógicos para los usuarios. Este paralelismo pone de relieve el carácter inesperado de tales anomalías y ayuda a comprender mejor el mal funcionamiento, a menudo difícil de explicar, de los sistemas de IA.

Las causas técnicas desempeñan un papel importante en estas anomalías. Las psicosis en humanos suelen estar causadas por desequilibrios bioquímicos y disfunciones neuronales. Del mismo modo, las anomalías en los sistemas de IA pueden deberse a errores en el procesamiento de datos, algoritmos defectuosos o fallos técnicos. La metáfora de la psicosis traslada esta idea al mundo de la tecnología y deja claro que problemas complejos y a menudo invisibles dentro de los algoritmos y el procesamiento de datos pueden conducir a resultados impredecibles.

La metáfora también sirve para ilustrar los retos que plantea el desarrollo y la implantación de sistemas de IA. Llama la atención sobre los riesgos potenciales y las dificultades asociadas a la creación de sistemas de IA fiables y seguros. Al hacer hincapié en la necesidad de un seguimiento minucioso y una mejora continua de los algoritmos, queda claro que el desarrollo de la IA requiere una adaptación y un perfeccionamiento constantes para garantizar que los sistemas funcionen de forma fiable y sensata.

Describir el comportamiento de los sistemas de IA como psicótico se basa, en última instancia, en nuestra tendencia a proyectar en las máquinas experiencias y patrones de comportamiento humanos. Cuando los sistemas de IA producen resultados impredecibles, ilógicos o irracionales, tendemos a compararlos con el comportamiento psicótico de los humanos. Esto se debe a que los humanos tendemos a atribuir características humanas a entidades no humanas. El comportamiento psicótico en los humanos se caracteriza por profundas alteraciones de la percepción, el pensamiento y la realidad. Cuando los sistemas de IA muestran anomalías de naturaleza similar, reconocemos estos patrones y los clasificamos en consecuencia.

En última instancia, los humanos intentamos explicar fenómenos impredecibles o difíciles de entender a través de conceptos y experiencias familiares. Al describir el comportamiento de una IA como psicótico, utilizamos una categoría familiar para contextualizar las disfunciones, que de otro modo serían difíciles de entender. Esto también refleja nuestras expectativas y la confianza que depositamos en la tecnología. Cuando una IA actúa de forma inesperada e irracional, puede hacer tambalear nuestra confianza en la tecnología. Describir estas anomalías como psicóticas refleja la profunda inseguridad que pueden provocar y nos recuerda la experiencia del comportamiento psicótico humano, que también puede ser impredecible e inquietante.

Al describir el comportamiento de la IA como psicótico, proyectamos las experiencias y explicaciones humanas en las máquinas para comprender y comunicar la complejidad e imprevisibilidad de sus acciones. Esta analogía nos ayuda a crear un marco en el que podemos entender y debatir mejor las anomalías de los sistemas de IA.

Sin embargo, un punto importante al utilizar la metáfora es comprender sus limitaciones. Hay que subrayar que los sistemas de IA, a diferencia de los humanos, no tienen conciencia ni estados emocionales. Por tanto, no pueden ser verdaderamente psicóticos. La metáfora sólo sirve como descripción vívida para explicar cómo los sistemas de IA pueden reaccionar de forma errática o impredecible en determinadas circunstancias. Esta distinción es importante para evitar malentendidos y aclarar que las anomalías de los sistemas de IA son de carácter técnico y no psicológico. Al menos mientras la anomalía se refiera a la IA y no al usuario.

Sin embargo, los mecanismos que provocan comportamientos psicóticos en los seres humanos pueden compararse en cierto modo con los mecanismos que provocan anomalías en los sistemas de IA. En los humanos, la psicosis suele ser el resultado de un desequilibrio o mal funcionamiento de las redes neuronales del cerebro. En los sistemas de IA, pueden producirse disfunciones similares cuando los modelos y algoritmos internos interactúan entre sí de forma defectuosa o cuando el sistema reacciona de forma impredecible a determinadas entradas. Estos paralelismos estructurales entre la psicosis humana y las anomalías de la IA sugieren que la metáfora de la psicosis es algo más que una simplificación lingüística, sino que revela similitudes más profundas en el funcionamiento y los posibles fallos de los sistemas complejos.

Otro aspecto importante de esta analogía se refiere a las consecuencias de tales disfunciones. En los seres humanos, la psicosis puede tener graves repercusiones en la vida y la cognición de los afectados. Del mismo modo, las anomalías en los sistemas de IA pueden tener un impacto significativo en las aplicaciones y la experiencia del usuario, especialmente cuando estos sistemas se utilizan en áreas críticas como la sanidad, la conducción autónoma o las finanzas. Un sistema de IA que ofrezca resultados impredecibles o erróneos puede causar grandes daños, del mismo modo que un episodio psicótico puede desestabilizar la vida de una persona.

Si consideramos la "psicosis" en los sistemas de IA no sólo como una metáfora, sino como una analogía seria, esto plantea naturalmente cuestiones éticas. Se requiere un planteamiento responsable del desarrollo y la aplicación de la IA para garantizar que las posibles disfunciones puedan reconocerse y remediarse en una fase temprana.

Por último, el concepto de "psicosis" en los sistemas de IA también abre nuevas perspectivas de investigación. Analizando los paralelismos entre las psicosis humanas y las anomalías de la IA, podríamos obtener nuevos conocimientos sobre cómo reaccionan los sistemas complejos, ya sean biológicos o artificiales, ante las perturbaciones estructurales. Esto también podría ayudar a desarrollar nuevos enfoques para prevenir errores y mejorar la fiabilidad y seguridad de los sistemas de IA. La metáfora se convierte así en una herramienta que no sólo facilita la comprensión, sino que también allana el camino para nuevas investigaciones e innovaciones.

Pertinencia del tema

La inteligencia artificial ha avanzado considerablemente en los últimos años y se ha integrado en numerosos ámbitos de la vida cotidiana. Esto abarca desde asistentes de voz y sistemas de recomendación personalizados hasta vehículos autónomos y herramientas de diagnóstico médico. Con este uso generalizado y la creciente dependencia de los sistemas de IA, también aumentan las exigencias sobre su fiabilidad y seguridad.

Una de las principales preocupaciones es la robustez de los sistemas de IA. En muchas aplicaciones, sobre todo en ámbitos críticos para la seguridad como la conducción autónoma, la medicina y el sector financiero, es esencial que los sistemas de IA funcionen de forma fiable y predecible. Las anomalías o comportamientos imprevisibles que podrían calificarse de "psicóticos" podrían tener graves consecuencias en este ámbito. Un vehículo autónomo que de repente toma decisiones impredecibles o un sistema de diagnóstico médico que inesperadamente hace diagnósticos incorrectos podrían poner en peligro vidas humanas. Por tanto, investigar y comprender tales anomalías es crucial para el desarrollo de sistemas de IA robustos y seguros.

Además, la transparencia y la trazabilidad de las decisiones de IA desempeñan un papel fundamental. Muchos modelos avanzados de IA, especialmente los basados en redes neuronales profundas, suelen conocerse como modelos de caja negra. Esto significa que los procesos internos de toma de decisiones de estos modelos son difíciles de entender para los humanos. Si un sistema de este tipo ofrece resultados impredecibles o ilógicos, es importante comprender las causas de estas anomalías para mantener la confianza en la tecnología y mejorarla en consecuencia.

Las consideraciones éticas también revisten gran importancia. La idea de que los sistemas de IA puedan volverse "psicóticos" llama la atención sobre las implicaciones éticas del uso de la IA. Los desarrolladores y las empresas deben garantizar que sus sistemas se utilicen de forma responsable y que los posibles fallos se reconozcan y rectifiquen en una fase temprana. Esto requiere no sólo soluciones tecnológicas, sino también directrices y normas que garanticen el uso ético de la IA.

En última instancia, el debate sobre las "psicosis" en los sistemas de IA también abrirá nuevos campos de investigación y cooperación interdisciplinar. Psicólogos, neurocientíficos, informáticos e ingenieros podrían colaborar para investigar los paralelismos entre las disfunciones humanas y las anomalías en los sistemas de IA. Esta colaboración podría aportar nuevos conocimientos sobre el funcionamiento de sistemas complejos y desarrollar enfoques innovadores para prevenir errores y mejorar la fiabilidad.

Otro aspecto es la percepción pública y la confianza en la tecnología de IA. Si el público se entera de comportamientos imprevisibles o irracionales de los sistemas de IA, esto podría minar la confianza en estas tecnologías. Por tanto, una comunicación transparente sobre las causas y las medidas para prevenir tales anomalías es esencial para ganar y mantener la confianza de los usuarios.

Por último, no hay que subestimar la relevancia económica. Las tecnologías de IA tienen el potencial de aportar importantes beneficios económicos mediante la automatización de procesos, el aumento de la eficiencia y la creación de nuevas oportunidades de negocio. Sin embargo, para aprovechar plenamente estas ventajas, las empresas deben asegurarse de que sus sistemas de IA funcionan de forma fiable y segura. Las anomalías y los fallos de funcionamiento no solo pueden hacer tambalear la confianza de los clientes, sino también causar importantes pérdidas económicas.

Fundamentos de la inteligencia artificial

Funcionamiento general de los sistemas de IA

El funcionamiento general de los sistemas de IA es un proceso que comprende varias fases y cuyo objetivo es capacitar a las máquinas para realizar tareas que requieren inteligencia humana.

Este proceso comienza con la recopilación y el preprocesamiento de datos, que son cruciales para el rendimiento del sistema de IA. Los datos pueden proceder de diversas fuentes, como sensores, bases de datos, Internet o entradas manuales. Los datos brutos no suelen estar estructurados y contienen ruido, incoherencias o entradas incompletas. Por eso es necesario limpiarlos y normalizarlos para poder utilizarlos. Esta etapa de preprocesamiento de datos puede incluir la eliminación de duplicados, el relleno de los valores que faltan y la transformación de los datos en formatos adecuados.

Tras el preprocesamiento, se selecciona un modelo adaptado a la tarea específica del sistema de IA. Puede ser un modelo estadístico sencillo, como una regresión lineal, un árbol de decisión o una compleja red neuronal profunda. El proceso de entrenamiento del modelo implica el uso de un algoritmo que analiza los datos y reconoce patrones para aprender una función de predicción o decisión. El objetivo del entrenamiento es ajustar los parámetros del modelo para que capte de forma óptima los patrones subyacentes en los datos. Este proceso suele requerir una gran cantidad de datos de entrenamiento que sean representativos de los casos de uso del mundo real a los que se enfrenta el sistema de IA.

Una vez entrenado el modelo, hay que evaluarlo y validarlo para asegurarse de que puede procesar bien no sólo los datos de entrenamiento, sino también los nuevos datos desconocidos. Esta fase de la evaluación del modelo consiste en probarlo con un conjunto de datos de prueba que no se utilizaron durante el entrenamiento. Para evaluar el rendimiento del modelo se utilizan varios parámetros, como la exactitud, la precisión, la recuperación y la puntuación F1, en función del caso de uso específico. Este paso es crucial para garantizar que el modelo no se ajusta en exceso ni en defecto, lo que podría dar lugar a un rendimiento deficiente en la práctica.

Tras la validación, el modelo se utiliza en un entorno real. En esta fase, el sistema de IA utiliza el modelo entrenado y validado para hacer predicciones, apoyar decisiones o realizar determinadas tareas. Por ejemplo, un asistente de voz podría responder a las entradas del usuario y generar respuestas basadas en ellas, un vehículo autónomo podría procesar los datos de sus sensores para navegar con seguridad o un sistema de diagnóstico médico podría identificar enfermedades basándose en los datos del paciente. Este uso en el mundo real requiere una supervisión continua del modelo para garantizar que sigue funcionando con precisión y fiabilidad.

Un aspecto crucial de los sistemas modernos de IA es su capacidad de aprendizaje continuo. Esto significa que pueden mejorar su rendimiento aprendiendo constantemente de nuevos datos y experiencias. Técnicas como el aprendizaje en línea y el aprendizaje por refuerzo permiten a los sistemas de IA adaptarse a condiciones cambiantes y optimizar continuamente su precisión predictiva y su capacidad de toma de decisiones. Este proceso iterativo garantiza que los sistemas sigan siendo flexibles y puedan responder a nuevos retos aprendiendo y mejorando a partir de cada nueva situación de datos.

Algoritmos de aprendizaje (aprendizaje supervisado, no supervisado)

Los algoritmos de aprendizaje son el núcleo de la inteligencia artificial y el aprendizaje automático. Permiten a las máquinas aprender de los datos, reconocer patrones y tomar decisiones o realizar tareas sobre esta base. Dos de las principales categorías de algoritmos de aprendizaje son el aprendizaje supervisado y el aprendizaje no supervisado. Estos dos enfoques persiguen objetivos y métodos diferentes para extraer conocimiento de los datos.

En el aprendizaje supervisado, un modelo se entrena con un conjunto de datos etiquetados. Esto significa que a cada punto de los datos de entrenamiento se le asigna un valor objetivo o etiqueta. El algoritmo de aprendizaje intenta encontrar una función que relacione los datos de entrada con los valores objetivo correspondientes. El objetivo es optimizar esta función para que también pueda hacer las predicciones más precisas posibles para datos nuevos y desconocidos. Un ejemplo común de aprendizaje supervisado es la clasificación, cuyo objetivo es clasificar los puntos de datos en categorías predefinidas. Otro ejemplo es la regresión, cuyo objetivo es predecir un valor continuo.

La calidad y cantidad de los datos son cruciales para el aprendizaje supervisado. Un conjunto de datos amplio y bien etiquetado permite al algoritmo reconocer patrones precisos y hacer predicciones exactas. El proceso de entrenamiento consiste en alimentar el modelo con estos datos y ajustar los parámetros del modelo para minimizar los errores entre los valores previstos y los reales. Para ello se utilizan algoritmos de optimización, como el descenso de gradiente, que ajustan iterativamente los parámetros del modelo para mejorar la precisión de la predicción.

Tras el entrenamiento, el modelo se valida con un conjunto separado de datos de prueba que no se utilizaron durante el entrenamiento. Esto es importante para verificar que el modelo puede generalizar los patrones aprendidos y no se ha limitado a memorizar los datos de entrenamiento. En esta fase de la evaluación del modelo se calculan varios parámetros de rendimiento, como la exactitud, la precisión y la recuperación, para garantizar que el modelo puede hacer predicciones exactas y sólidas.

En cambio, el aprendizaje no supervisado trabaja con datos no etiquetados. Esto significa que los puntos de datos no tienen valores objetivo y que el algoritmo debe descubrir de forma independiente estructuras y patrones en los datos. El objetivo del aprendizaje no supervisado es identificar la estructura subyacente de los datos, a menudo en forma de clusters o grupos de puntos de datos similares. Un ejemplo común de aprendizaje no supervisado es la agrupación, en la que el algoritmo clasifica los puntos de datos en grupos con características similares. Otro ejemplo es la reducción de la dimensionalidad, en la que se reduce el número de variables de un conjunto de datos para simplificarlos y visualizarlos.

El aprendizaje no supervisado es especialmente útil cuando se desea comprender mejor los datos sin disponer de etiquetas o valores objetivo específicos. Suele utilizarse en la fase de exploración y análisis para obtener una imagen más completa del panorama de los datos antes de desarrollar modelos específicos. Por ejemplo, puede utilizarse en investigación de mercados para identificar segmentos de clientes o en genómica para descubrir patrones en datos genéticos.

Ambos enfoques, el aprendizaje supervisado y el no supervisado, presentan ventajas y dificultades específicas. El aprendizaje supervisado requiere conjuntos de datos amplios y etiquetados con precisión, lo que suele ser difícil y lento de obtener en la práctica. El aprendizaje no supervisado, por su parte, puede funcionar con datos no etiquetados, pero la interpretación de los resultados suele ser menos clara y requiere un análisis más profundo y conocimientos del dominio.

Un aspecto importante de la investigación moderna sobre IA es la combinación de estos dos enfoques en modelos híbridos. El aprendizaje semisupervisado es uno de estos enfoques, en el que una pequeña cantidad de datos etiquetados se utiliza junto con una gran cantidad de datos no etiquetados para mejorar el rendimiento del modelo. Este método utiliza los puntos fuertes de ambos enfoques para desarrollar modelos más sólidos y precisos. Otro ejemplo es el aprendizaje por refuerzo, en el que un agente aprende a través de interacciones con su entorno y recibe recompensas para optimizar sus acciones.

El funcionamiento de los algoritmos de aprendizaje en el aprendizaje automático y la IA es un proceso iterativo y cíclico que comienza con la recopilación de datos, conduce a la aplicación práctica mediante el desarrollo y la evaluación de modelos y se complementa con el aprendizaje continuo. Este enfoque integral permite a los sistemas de IA aprender de los datos, reconocer patrones y tomar decisiones informadas y eficientes o realizar tareas sobre esta base. La mejora continua y la adaptación a nuevos datos y condiciones son de vital importancia para el rendimiento y la fiabilidad de los sistemas modernos de IA.

Así pues, el aprendizaje supervisado y no supervisado son enfoques fundamentales en el aprendizaje automático que permiten extraer conocimientos de los datos y utilizarlos para diversas aplicaciones. Si se eligen y combinan correctamente estos enfoques, es posible afrontar con éxito en la práctica una amplia gama de retos, lo que favorece el desarrollo de sistemas de IA potentes y fiables.

Redes neuronales y aprendizaje profundo

Las redes neuronales y el aprendizaje profundo son componentes esenciales de la inteligencia artificial moderna que han permitido avances notables en la capacidad de las máquinas para realizar tareas complejas. Las redes neuronales, inspiradas en la estructura y el funcionamiento del cerebro humano, están formadas por capas de neuronas interconectadas que procesan y transmiten información. Cada neurona recibe una entrada, la procesa mediante una función de activación y envía el resultado a la capa siguiente. Este proceso se repite hasta llegar a la capa de salida, que proporciona el resultado final.

Un concepto fundamental en las redes neuronales es el aprendizaje mediante el ajuste de los pesos de las conexiones entre las neuronas. Estos pesos determinan la fuerza de las señales que se transmiten de una neurona a la siguiente. Durante el proceso de entrenamiento, los pesos se ajustan de forma iterativa para minimizar los errores entre los resultados previstos y los reales. Para ello se utilizan algoritmos de optimización como el descenso de gradiente, que modifica los pesos en la dirección de mayor reducción del error.

El aprendizaje profundo, una forma especializada de aprendizaje automático, utiliza redes neuronales profundas con muchas capas. Estas redes profundas, también conocidas como redes profundamente anidadas, pueden reconocer patrones y relaciones muy complejos en los datos. Cada capa de la red extrae distintos niveles de características de los datos de entrada, y las capas más profundas aprenden características más abstractas y complejas. Por ejemplo, una red neuronal profunda de reconocimiento de imágenes podría aprender características simples como bordes y esquinas en las primeras capas, estructuras más complejas como texturas y formas en las capas intermedias y objetos completos como caras o vehículos en las últimas capas.

El éxito del aprendizaje profundo en los últimos años puede atribuirse a varios factores. En primer lugar, los significativos avances en la potencia de cálculo, especialmente mediante el uso de tarjetas gráficas (GPU), han permitido procesar grandes cantidades de datos y entrenar redes profundamente anidadas. En segundo lugar, los grandes conjuntos de datos procedentes de diversas fuentes, como Internet, las redes sociales y los sensores, han permitido entrenar modelos precisos y potentes. En tercer lugar, nuevas arquitecturas y técnicas, como las redes neuronales convolucionales (CNN) y las redes neuronales recurrentes (RNN), han mejorado significativamente el rendimiento del aprendizaje profundo en diversos ámbitos de aplicación.

Las redes neuronales convolucionales (CNN) son especialmente eficaces para procesar datos de imagen y vídeo. Utilizan capas convolucionales para reconocer características locales en los datos y capas de agrupación para reducir el tamaño de los datos y hacer más eficientes los cálculos. Estas arquitecturas han logrado resultados pioneros en el reconocimiento de imágenes, la detección de objetos y la segmentación de imágenes. Las redes neuronales recurrentes (RNN), por su parte, están diseñadas para procesar datos secuenciales como los que se encuentran en el procesamiento de voz y texto. Las RNN utilizan bucles de retroalimentación que les permiten almacenar y utilizar información de pasos anteriores, lo que las hace especialmente adecuadas para tareas como la traducción automática, la síntesis del habla y el análisis de series temporales.

Otro concepto importante en el aprendizaje profundo es el aprendizaje por transferencia. Consiste en utilizar un modelo que se ha entrenado con una gran cantidad de datos generales como punto de partida y luego adaptarlo a datos más específicos. Esto ahorra recursos informáticos y tiempo, ya que las características que ya se han aprendido pueden reutilizarse. El aprendizaje por transferencia ha demostrado ser muy útil en muchos campos, como la imagen médica y el procesamiento del lenguaje natural.

Un ejemplo de aplicación de las redes neuronales y el aprendizaje profundo es la tecnología de vehículos autónomos. En este caso, se utilizan varios sensores, como cámaras, lidar y radar, para recoger datos del entorno. A continuación, estos datos son analizados por redes neuronales profundas para reconocer objetos, predecir sus movimientos y planificar maniobras de conducción seguras. Otro ejemplo es el diagnóstico sanitario, en el que las redes neuronales profundas se utilizan para analizar imágenes médicas como radiografías o resonancias magnéticas para detectar enfermedades como el cáncer en una fase temprana.

Las redes neuronales y el aprendizaje profundo también han permitido avances significativos en el procesamiento de voz y texto. Asistentes de voz como Siri, Alexa y Google Assistant utilizan el aprendizaje profundo para comprender y responder al lenguaje hablado. Estos sistemas pueden interpretar el lenguaje natural, comprender el contexto y generar respuestas adecuadas. En el procesamiento de textos, el aprendizaje profundo y las redes neuronales se utilizan para tareas como la traducción automática, el análisis de sentimientos y la generación de textos, donde modelos como las redes de transformadores y BERT (Bidirectional Encoder Representations from Transformers) han logrado un éxito significativo.

A pesar de sus impresionantes capacidades, las redes neuronales y el aprendizaje profundo siguen enfrentándose a retos. Uno de los mayores es la interpretabilidad de los modelos. Como las redes neuronales profundas suelen considerarse modelos de caja negra, es difícil entender cómo llegan a sus decisiones. Esto puede ser problemático en aplicaciones críticas para la seguridad, ya que es importante poder entender los procesos de toma de decisiones de los modelos. Se está investigando para mejorar la transparencia y la interpretabilidad de estos modelos.

Otro reto es la dependencia de los datos. Las redes neuronales profundas necesitan grandes cantidades de datos de entrenamiento para funcionar bien. Sin embargo, en muchas áreas de aplicación, esos datos no siempre están disponibles o son difíciles de recopilar. Esto ha llevado al desarrollo de técnicas como el aumento de datos, en las que los datos existentes se amplían artificialmente para que los modelos sean más robustos.

Las redes neuronales y el aprendizaje profundo son la base de muchas de las aplicaciones más avanzadas de la inteligencia artificial. Tienen la capacidad de reconocer patrones complejos en grandes cantidades de datos y hacer predicciones y tomar decisiones asombrosamente precisas. La investigación y el desarrollo continuos en este ámbito prometen avances aún mayores y una aplicación más amplia en diversos sectores, desde la automoción a la atención sanitaria, pasando por el procesamiento de voz y texto. Sin embargo, los retos de la interpretabilidad y la dependencia de los datos persisten y exigen más innovación y avances tecnológicos.

Función e importancia de los datos de formación

Los datos de entrenamiento son la base sobre la que los modelos de IA aprenden a reconocer patrones, hacer predicciones y tomar decisiones. Son esenciales para el rendimiento, la precisión y la solidez de los modelos desarrollados. Sin datos de entrenamiento representativos y de alta calidad, el desarrollo de sistemas de IA eficaces sería prácticamente imposible.

Un aspecto clave de los datos de entrenamiento es su calidad. Los datos de entrenamiento de alta calidad son limpios, consistentes y libres de errores o ruido. Si los datos son defectuosos, incompletos o incoherentes, el modelo puede aprender patrones incorrectos y hacer predicciones inexactas. El proceso de preprocesamiento de datos, que implica la limpieza, normalización y transformación de los datos brutos, es por tanto crucial. Este proceso corrige errores, elimina incoherencias y convierte los datos en un formato adecuado para el entrenamiento del modelo.

La representatividad de los datos de entrenamiento es otro factor crítico. Los datos de entrenamiento deben reflejar la diversidad y complejidad del mundo real para garantizar que el modelo sea capaz de generalizarse a una variedad de situaciones. Si los datos de entrenamiento no son representativos, el modelo puede desarrollar sesgos y obtener malos resultados con datos nuevos y desconocidos. Un problema común es el sesgo de los datos, cuando determinados grupos o características están sobrerrepresentados o infrarrepresentados en los datos de entrenamiento. Esto puede dar lugar a errores sistemáticos y predicciones injustas. Por lo tanto, es importante garantizar una recopilación de datos amplia y diversa que cubra todas las características y escenarios relevantes.

La cantidad de datos de entrenamiento también desempeña un papel importante. Para los modelos complejos, especialmente el aprendizaje profundo, se necesitan grandes cantidades de datos para optimizar los parámetros del modelo y capturar los patrones de los datos. Los grandes conjuntos de datos permiten al modelo reconocer patrones y relaciones sutiles, lo que conduce a predicciones mejores y más precisas. Pero, al mismo tiempo, los datos deben ser pertinentes y significativos. Una gran cantidad de datos irrelevantes puede confundir al modelo y aumentar significativamente el tiempo de entrenamiento sin mejorar el rendimiento.

Un aspecto importante del uso de datos de entrenamiento es el sobreajuste. La sobreadaptación se produce cuando un modelo se ajusta con demasiada precisión a los datos de entrenamiento y aprende con demasiada fuerza los patrones subyacentes de los datos, incluidos el ruido y la aleatoriedad. El resultado es que el modelo no generaliza bien con los nuevos datos. Para evitar el sobreajuste, se utilizan técnicas como la validación cruzada, la regularización y el uso de un conjunto de datos de validación independiente. Estos métodos ayudan a garantizar que el modelo aprenda los patrones generales de los datos sin depender demasiado de los detalles específicos de los datos de entrenamiento.

Además de la cantidad y calidad de los datos, también es importante la diversidad de las fuentes de datos. Las distintas fuentes de datos pueden aportar perspectivas e información diferentes que enriquezcan el modelo y aumenten su solidez. Por ejemplo, un modelo de reconocimiento de imágenes puede beneficiarse de datos procedentes de diferentes ángulos de cámara, condiciones de iluminación y resoluciones. Del mismo modo, un modelo lingüístico puede beneficiarse de datos procedentes de diferentes dialectos, estilos de habla y contextos. La integración de datos procedentes de múltiples fuentes puede mejorar la capacidad del modelo para actuar con precisión y fiabilidad en diferentes escenarios del mundo real.

La importancia de los datos de entrenamiento también se extiende a los aspectos éticos y sociales. Dado que los sistemas de IA se integran cada vez más en los procesos de toma de decisiones que afectan a la vida de las personas, es esencial que los datos de entrenamiento estén libres de sesgos y discriminación. Los datos sesgados pueden dar lugar a resultados injustos y discriminatorios que penalicen a determinados grupos. Por lo tanto, es importante realizar revisiones y auditorías cuidadosas de los datos de entrenamiento para garantizar que sean justos y representativos.

Otro punto importante es la seguridad y la protección de los datos. En muchos ámbitos de aplicación, sobre todo en sanidad y finanzas, los datos de formación contienen información sensible y personal. Proteger estos datos de accesos no autorizados y usos indebidos es de vital importancia. Esto requiere medidas de seguridad sólidas y el cumplimiento de la normativa de protección de datos, como el Reglamento General de Protección de Datos (RGPD) de la Unión Europea. La anonimización y la seudonimización de los datos personales son técnicas habituales para garantizar la protección de los datos al tiempo que se preserva su utilidad para la formación.

Otro aspecto que hay que tener en cuenta es la actualización y mejora continuas de los datos de entrenamiento. El mundo cambia constantemente, por lo que hay que incorporar periódicamente nuevos datos a la formación del modelo para que sus predicciones y decisiones sigan siendo pertinentes y actuales. Esto requiere un enfoque dinámico en el que el modelo se actualice y mejore continuamente con nuevos datos. Esto puede lograrse mediante técnicas como el aprendizaje en línea y el aprendizaje incremental, en las que el modelo aprende continuamente a partir de nuevos datos sin tener que volver a entrenar todo el modelo desde cero.

Por tanto, los datos de entrenamiento desempeñan un papel fundamental en el desarrollo y el rendimiento de los modelos de IA. Su calidad, cantidad, representatividad y diversidad son cruciales para la precisión, solidez y equidad de los modelos. La recopilación cuidadosa de datos, su preprocesamiento, verificación y actualización continua pueden superar los retos asociados a los datos de entrenamiento y desarrollar potentes sistemas de IA. Los aspectos éticos y de seguridad de la utilización de datos deben tenerse siempre en cuenta para crear soluciones de IA fiables y responsables.

Calidad y cantidad de datos

La calidad y cantidad de los datos son otros factores clave que determinan el éxito y el rendimiento de los modelos de IA.

Sin datos suficientes y de alta calidad, ni siquiera los mejores algoritmos y modelos podrán hacer predicciones fiables y precisas o realizar tareas complejas. La calidad y la cantidad de los datos están estrechamente vinculadas y se influyen mutuamente de muchas maneras, por lo que ambos aspectos deben tenerse muy en cuenta para lograr resultados óptimos.

La calidad de los datos se refiere a su exactitud, integridad, coherencia, actualidad y pertinencia. Los datos de alta calidad deben ser precisos y estar libres de errores, ya que las imprecisiones e incoherencias pueden afectar significativamente a la capacidad de un modelo para reconocer patrones precisos y hacer predicciones. La exhaustividad significa que todos los puntos de datos necesarios están presentes, sin lagunas que puedan pasar por alto información importante. La coherencia garantiza que los datos son uniformes en las distintas fuentes y periodos de tiempo, mientras que la actualidad significa que los datos están al día y reflejan la realidad actual. La pertinencia se refiere a que los datos sean relevantes y significativos para la tarea o el problema específico que el modelo pretende resolver.

Un paso fundamental para garantizar la calidad de los datos es el preprocesamiento, que consiste en limpiar, normalizar y transformar los datos brutos. En este proceso se corrigen errores, se eliminan incoherencias y se convierten los datos a un formato adecuado para el entrenamiento de modelos. Este paso suele llevar mucho tiempo y requiere un profundo conocimiento de la fuente de datos y de los requisitos específicos de la aplicación. Las herramientas y técnicas automatizadas pueden ayudar a que el preprocesamiento de datos sea más eficiente, pero la intervención humana y el conocimiento del dominio siguen siendo esenciales.

La cantidad de datos también tiene una importancia crucial. Para muchos modelos de aprendizaje automático, especialmente las redes neuronales profundas, se necesitan grandes cantidades de datos para optimizar los parámetros del modelo y captar los patrones subyacentes en los datos. Los grandes conjuntos de datos permiten al modelo reconocer relaciones sutiles y complejas, lo que conduce a predicciones mejores y más precisas. Un gran conjunto de datos también ayuda a reducir el riesgo de sobreajuste, ya que el modelo puede entrenarse con una mayor variedad de ejemplos en lugar de aferrarse a detalles específicos del conjunto de datos de entrenamiento.

Sin embargo, la cantidad de datos debe considerarse en el contexto de su calidad. Una gran cantidad de datos irrelevantes o de baja calidad puede confundir al modelo y aumentar significativamente el tiempo de entrenamiento sin mejorar el rendimiento. Por lo tanto, es importante asegurarse de que los datos recogidos son abundantes y de alta calidad. Este equilibrio requiere una cuidadosa selección y recopilación de datos, una evaluación crítica de las fuentes de datos y la inclusión únicamente de los datos pertinentes y útiles para la aplicación específica.

Otro aspecto importante es la representatividad de los datos. Los datos deben reflejar la diversidad y complejidad del mundo real para garantizar que el modelo sea capaz de generalizar a una variedad de situaciones. Si los datos de entrenamiento no son representativos, el modelo puede desarrollar sesgos y obtener malos resultados con datos nuevos y desconocidos. Por ejemplo, un modelo de reconocimiento facial que se haya entrenado principalmente con imágenes de personas de una etnia determinada puede tener un rendimiento deficiente al reconocer rostros de otras etnias. Para evitar estas distorsiones, los datos deben abarcar características y escenarios diversos y variados.

La pertinencia y calidad de los datos son también de gran importancia en relación con los aspectos éticos y sociales. Los datos sesgados pueden dar lugar a resultados injustos y discriminatorios que penalicen a determinados grupos. Por lo tanto, es esencial que los datos de formación se examinen y auditen cuidadosamente para garantizar que sean justos y representativos. La protección de los datos personales y el cumplimiento de la normativa sobre protección de datos también son de vital importancia, sobre todo en ámbitos como la sanidad y las finanzas, donde se procesa información sensible.

También es crucial actualizar y mejorar continuamente la calidad y cantidad de los datos. El mundo cambia constantemente, por lo que deben incorporarse regularmente nuevos datos a la formación del modelo para garantizar que las predicciones y decisiones de éste sigan siendo pertinentes y estén actualizadas. Esto requiere un enfoque dinámico en el que el modelo se actualice y mejore continuamente con nuevos datos. El aprendizaje en línea y el aprendizaje incremental son técnicas que permiten al modelo aprender continuamente a partir de nuevos datos sin tener que volver a entrenar todo el modelo desde cero.

La influencia de los datos en el desarrollo de la IA

Los datos son, por tanto, el núcleo del desarrollo de la IA y tienen una influencia significativa en el rendimiento, la precisión y la gama de aplicaciones de los modelos de IA. Su calidad, cantidad, diversidad y representatividad determinan lo bien que se entrena un modelo, los patrones que reconoce y la fiabilidad de sus predicciones y decisiones.

La calidad de los datos desempeña un papel fundamental, tal y como se ha descrito anteriormente. Los datos de alta calidad son precisos, coherentes y libres de errores o ruido. Estos datos permiten al modelo aprender patrones claros y precisos, lo que da lugar a predicciones fiables. Sin embargo, si los datos son defectuosos o incompletos, el modelo puede aprender patrones incorrectos, dando lugar a predicciones inexactas o incluso perjudiciales. Por tanto, el proceso de preprocesamiento de datos, que implica su limpieza y normalización, es de vital importancia. Este proceso elimina las incoherencias y pone los datos en un formato adecuado y óptimo para el entrenamiento del modelo.

La cantidad de datos también es crucial. Se necesitan grandes cantidades de datos para reflejar la complejidad y diversidad del mundo real en los datos de entrenamiento. Especialmente para el aprendizaje profundo y los modelos complejos, se necesitan grandes conjuntos de datos para entrenar eficazmente los parámetros del modelo y reconocer patrones sutiles. Los grandes conjuntos de datos también ayudan a reducir el riesgo de sobreajuste al permitir que el modelo aprenda sobre una amplia variedad de ejemplos en lugar de aferrarse a detalles específicos de los datos de entrenamiento. Sin embargo, la cantidad debe considerarse siempre en el contexto de la calidad, ya que grandes cantidades de datos irrelevantes o de calidad inferior pueden afectar al rendimiento del modelo.

La diversidad de los datos es otro factor crítico. Un conjunto de datos representativo y diverso garantiza que el modelo pueda generalizarse a diferentes escenarios y funcione bien en distintas aplicaciones del mundo real. Los datos que incluyen diferentes características demográficas, regiones geográficas, periodos de tiempo y otras variables relevantes ayudan a evitar sesgos y distorsiones. Si determinados grupos o características están sobrerrepresentados o infrarrepresentados en los datos de entrenamiento, el modelo puede desarrollar errores sistemáticos que conduzcan a resultados injustos o discriminatorios. Garantizar la diversidad y representatividad de los datos es, por tanto, esencial para el desarrollo de sistemas de IA justos y equilibrados.

La influencia de los datos en la complejidad y selección de modelos también es significativa. El tipo y la estructura de los datos disponibles suelen determinar qué arquitecturas de modelos y algoritmos de aprendizaje son los más adecuados. Por ejemplo, los datos de alta dimensionalidad, como las imágenes o las secuencias genéticas, requieren modelos complejos como las redes neuronales convolucionales (CNN) o las redes neuronales profundamente anidadas para extraer y aprender eficazmente las características relevantes. En cambio, modelos más sencillos, como la regresión lineal o los árboles de decisión, pueden ser suficientes si la estructura de los datos es menos compleja. Así pues, los datos influyen en las decisiones de los desarrolladores sobre la arquitectura del modelo y los algoritmos de aprendizaje utilizados.

El aspecto temporal de los datos también influye en el desarrollo de la IA. Los datos recogidos durante largos periodos de tiempo pueden proporcionar información valiosa sobre tendencias y patrones temporales. Estos datos dependientes del tiempo son especialmente relevantes en ámbitos como la economía, la previsión climática y meteorológica y la modelización epidemiológica. Los modelos entrenados con estos datos deben ser capaces de tener en cuenta las dependencias y evoluciones temporales, lo que a menudo requiere el uso de arquitecturas de modelos especializadas, como las redes neuronales recurrentes (RNN) o las redes de memoria a largo plazo (LSTM).

Los datos también influyen en la velocidad y eficacia del desarrollo y suministro de modelos. Los conjuntos de datos completos y bien organizados permiten procesos de formación más eficientes y aceleran los ciclos de desarrollo. Si los datos son fácilmente accesibles y están bien documentados, los desarrolladores pueden crear prototipos más rápidamente y mejorar los modelos de forma iterativa. En muchos casos, se utilizan técnicas como el aprendizaje por transferencia, en el que se emplean modelos preentrenados sobre grandes conjuntos de datos como punto de partida para reducir el tiempo de entrenamiento y la cantidad de datos necesarios.

El origen y la ética de los datos también influyen en el desarrollo de la IA. La fuente de los datos y el modo en que se han recogido influyen en la calidad y fiabilidad de los modelos. Los datos que proceden de fuentes fiables y éticamente inobjetables contribuyen a reforzar la confianza en los sistemas de IA desarrollados. Al mismo tiempo, hay que garantizar la protección y la seguridad de los datos, especialmente cuando se trata de información personal o sensible. El cumplimiento de la normativa de protección de datos, como el Reglamento General de Protección de Datos (RGPD) de la Unión Europea, es crucial para proteger los derechos de los interesados y evitar riesgos legales.

La complejidad del modelo y sus efectos

La complejidad de los modelos es otra cuestión clave en la inteligencia artificial y el aprendizaje automático, ya que repercute en el rendimiento, la generalizabilidad y la interpretabilidad de los modelos de IA. Un modelo complejo puede incluir una variedad de parámetros y estructuras profundamente anidadas que le permitan captar relaciones de alta dimensión y no lineales en los datos. Esta capacidad es especialmente valiosa en ámbitos de aplicación como el reconocimiento de imágenes y del habla, el procesamiento del lenguaje natural y la predicción de patrones complejos en grandes conjuntos de datos.

Una mayor complejidad del modelo permite a un sistema de IA reconocer patrones más finos y detallados en los datos. Esto resulta especialmente útil en situaciones en las que las relaciones subyacentes entre variables son complejas y no lineales. Al utilizar múltiples capas de neuronas en redes neuronales profundas, un modelo complejo puede extraer características abstractas de los datos brutos y transformarlas en representaciones cada vez más abstractas. Por ejemplo, una red neuronal profunda puede reconocer bordes y texturas simples en una imagen en las capas inferiores e identificar objetos complejos como caras o vehículos en las capas superiores.

Sin embargo, la capacidad de aprender patrones complejos también conlleva el riesgo ya mencionado de sobreajuste. Un modelo sobreajustado puede tener un rendimiento excelente en los datos de entrenamiento, pero un rendimiento deficiente en datos nuevos y desconocidos, porque no puede transferir los detalles específicos de los datos de entrenamiento a casos generales.

La complejidad del modelo también influye en el tiempo de entrenamiento y cálculo. Los modelos más complejos requieren más recursos informáticos y tiempos de entrenamiento más largos para encontrar los parámetros óptimos. Esto requiere un hardware potente, como GPU o TPU, y puede hacer que el desarrollo y la implementación de modelos de IA sean largos y costosos. Además, el entrenamiento de modelos complejos requiere grandes cantidades de datos para garantizar que el modelo tenga suficientes ejemplos para aprender los patrones subyacentes. Esto puede suponer un reto cuando es difícil obtener datos representativos y de alta calidad.

La generalizabilidad de un modelo, es decir, su capacidad para transferirse a datos nuevos y desconocidos, también se ve influida por la complejidad del modelo. Un modelo demasiado simple no puede captar plenamente la complejidad de los datos y conduce a un ajuste insuficiente, en el que el modelo es incapaz de aprender los patrones relevantes de los datos. Por otro lado, un modelo demasiado complejo puede ajustarse en exceso y mermar la capacidad de generalización. La clave está en encontrar el equilibrio adecuado entre complejidad y simplicidad para desarrollar un modelo que describa bien los datos de entrenamiento y sea aplicable a los nuevos datos.

Otro aspecto importante de la complejidad de un modelo es su interpretabilidad. Los modelos sencillos, como las regresiones lineales o los árboles de decisión, son fáciles de interpretar, ya que las relaciones entre las variables de entrada y las de salida son claras y comprensibles. En cambio, los modelos complejos, especialmente las redes neuronales profundas, suelen conocerse como modelos de caja negra, ya que sus procesos internos de toma de decisiones son difíciles de entender. Esto puede ser problemático si las decisiones del modelo son críticas o relevantes para la seguridad, como en la medicina, la judicatura o el sector financiero. La investigación sobre la explicabilidad y transparencia de los modelos de IA, también conocida como IA explicable (XAI), pretende comprender mejor los mecanismos internos de los modelos complejos y hacerlos comprensibles.

La solidez y fiabilidad de los modelos de IA también están estrechamente relacionadas con su complejidad. Los modelos complejos pueden ser susceptibles a pequeños cambios en los datos de entrada que provoquen grandes cambios en el resultado. Esto es especialmente problemático en aplicaciones críticas para la seguridad, donde se requieren predicciones fiables y estables. Técnicas como el entrenamiento adversarial, en el que el modelo se entrena con entradas especialmente diseñadas para confundirlo, pueden ayudar a mejorar la robustez de los modelos complejos.

Por último, la complejidad de los modelos también tiene implicaciones éticas y sociales. El uso de modelos complejos y difíciles de entender en los procesos de toma de decisiones puede afectar a la confianza de los usuarios y la sociedad en los sistemas de IA. Es importante que los desarrolladores y usuarios de sistemas de IA tengan en cuenta el impacto de la complejidad de los modelos en la transparencia e imparcialidad de las decisiones y tomen medidas para garantizar que los modelos sean éticamente justificables y socialmente aceptables.

Simplicidad frente a complejidad

La tensión entre simplicidad y complejidad en el desarrollo de modelos es, naturalmente, otra cuestión clave en la inteligencia artificial y el aprendizaje automático. Ambos enfoques tienen sus propias ventajas e inconvenientes e influyen significativamente en el rendimiento, la generalizabilidad, la interpretabilidad y la eficacia de los modelos de IA. Comprender en profundidad esta zona de tensión es crucial para el desarrollo de soluciones optimizadas que respondan a los requisitos y retos específicos de los distintos ámbitos de aplicación.

La simplicidad en el desarrollo de modelos suele significar que el modelo tiene relativamente pocos parámetros y una estructura manejable. Los modelos sencillos, como las regresiones lineales, los árboles de decisión o las regresiones logísticas, suelen ser fáciles de entender e interpretar. Proporcionan una visión clara de las relaciones entre las variables de entrada y salida y permiten comprender los procesos de toma de decisiones del modelo. Esto es especialmente importante en ámbitos en los que la transparencia y la trazabilidad son cruciales, como la medicina, la justicia o el sector financiero. Los modelos sencillos también son más rápidos de entrenar y aplicar, requieren menos recursos informáticos y suelen ser más robustos ante pequeños cambios en los datos de entrada.

Sin embargo, los modelos simples también tienen sus limitaciones. A menudo no pueden captar plenamente la complejidad de los datos, sobre todo si las relaciones subyacentes entre las variables no son lineales o son muy complejas. En tales casos, un modelo simple puede dar lugar a un ajuste insuficiente, en el que el modelo no reconoce los patrones relevantes en los datos y, por tanto, hace predicciones inexactas. Esto es especialmente problemático en tareas complejas como el reconocimiento de imágenes, el procesamiento del lenguaje natural o la predicción de los movimientos del mercado, en las que los datos suelen ser de alta dimensión y muy poco lineales.

Los modelos complejos, como el aprendizaje profundo y las redes neuronales multicapa, ofrecen la capacidad de captar relaciones de alta dimensión y no lineales en los datos. Pueden extraer características abstractas de los datos brutos y transformarlas en representaciones cada vez más complejas, lo que da lugar a predicciones más precisas y potentes. Esto es especialmente valioso en áreas de aplicación como el reconocimiento de imágenes y del habla, el procesamiento del lenguaje natural y la predicción de patrones complejos en grandes conjuntos de datos. Gracias a su capacidad para reconocer patrones sutiles y complejos, los modelos complejos pueden ofrecer mejores resultados que los simples, sobre todo en entornos dinámicos y basados en datos.

Sin embargo, la mayor complejidad de los modelos también plantea problemas. Los modelos complejos suelen ser más propensos al sobreajuste, ya que aprenden los datos de entrenamiento con demasiada precisión y también captan el ruido y la aleatoriedad de los datos. Esto puede dar lugar a una escasa generalizabilidad, ya que el modelo no puede transferir los detalles específicos de los datos de entrenamiento a casos generales. Para evitar el sobreajuste, hay que recurrir a técnicas como la regularización, la validación cruzada y el uso de capas de abandono. Sin embargo, estas técnicas aumentan la complejidad del proceso de formación y requieren más recursos informáticos y conocimientos especializados.

Otro problema de los modelos complejos es su amplia interpretabilidad. Las redes neuronales profundas y otros modelos complejos suelen conocerse como modelos de caja negra, ya que sus procesos internos de toma de decisiones son difíciles de entender. Esto puede ser problemático si las decisiones del modelo son críticas o relevantes para la seguridad. Se está investigando la explicabilidad y transparencia de los modelos de IA para comprender mejor los mecanismos internos de los modelos complejos y hacerlos comprensibles. La IA explicable (XAI) pretende desarrollar modelos que no sólo sean eficientes, sino también transparentes y comprensibles.

La elección entre simplicidad y complejidad suele ser un compromiso que depende de los requisitos y objetivos específicos del área de aplicación. En muchos casos, un enfoque híbrido que combine elementos de ambos puede ofrecer los mejores resultados. Por ejemplo, un modelo sencillo puede utilizarse como punto de partida para reconocer patrones básicos y proporcionar una evaluación inicial. A continuación, puede utilizarse un modelo más complejo para realizar análisis más profundos y detallados y hacer predicciones más precisas.

La complejidad de los datos y la disponibilidad de recursos informáticos también son factores importantes que influyen en la elección entre simplicidad y complejidad. En el caso de datos complejos y de gran dimensión, como imágenes, vídeos o secuencias genéticas, los modelos complejos suelen ser esenciales para extraer y aprender eficazmente las características relevantes. Para datos menos complejos o en escenarios con recursos informáticos limitados, un modelo más simple puede ser la mejor opción, ya que es más rápido de entrenar e implementar y suele bastar para obtener resultados útiles.

Tampoco hay que pasar por alto las implicaciones éticas y sociales de la complejidad de los modelos. Los modelos complejos pueden ser difíciles de entender y controlar, lo que puede afectar a la confianza de los usuarios y la sociedad en los sistemas de IA. Es importante que los desarrolladores y usuarios de sistemas de IA tengan en cuenta el impacto de la complejidad de los modelos en la transparencia e imparcialidad de las decisiones y tomen medidas para garantizar que los modelos sean éticos y socialmente aceptables.

Sobreadaptación e inadaptación

El sobreajuste y el infraajuste son dos problemas fundamentales que pueden darse en el desarrollo de modelos en el aprendizaje automático, como ya se ha descrito. Afectan a la capacidad de un modelo para reconocer patrones en los datos y generalizarlos a datos nuevos y desconocidos. Comprender estos fenómenos es crucial para desarrollar modelos que funcionen bien tanto con datos de entrenamiento como con datos nuevos.

La sobreadaptación se produce cuando un modelo aprende los datos de entrenamiento con demasiada precisión y también capta el ruido y la aleatoriedad de los datos. Esto hace que el modelo obtenga muy buenos resultados en los datos de entrenamiento, pero un rendimiento deficiente en datos nuevos y desconocidos, porque no puede transferir los detalles específicos de los datos de entrenamiento a casos generales. El sobreajuste es especialmente problemático en modelos complejos con muchos parámetros, como las redes neuronales profundas, que tienen una gran flexibilidad y son capaces de aprender patrones muy específicos. Para evitar el sobreajuste se utilizan varias técnicas. La regularización es un método que añade información adicional para forzar al modelo a aprender patrones más simples y menos específicos. Existen distintos tipos de regularización, como la regularización L1 y L2, que añaden penalizaciones a los parámetros grandes del modelo para reducir su complejidad. La validación cruzada es otra técnica en la que el conjunto de entrenamiento se divide en varias partes y el modelo se entrena y valida varias veces para garantizar una buena generalización. Dropout, una técnica utilizada en redes neuronales, desactiva aleatoriamente una serie de neuronas durante el entrenamiento para reducir la dependencia del modelo de neuronas específicas y aumentar la robustez.

La inadaptación se produce cuando un modelo no aprende suficientemente bien los patrones subyacentes en los datos de entrenamiento. El resultado es que el modelo funciona mal tanto con los datos de entrenamiento como con los nuevos datos. La inadaptación suele producirse cuando el modelo es demasiado simple y no tiene capacidad suficiente para captar la complejidad de los datos. Esto puede ocurrir si el modelo tiene muy pocos parámetros o si el algoritmo utilizado no es lo suficientemente complejo como para aprender las relaciones subyacentes en los datos. Un ejemplo sencillo es la regresión lineal, que no es capaz de captar las relaciones no lineales. Para evitar un ajuste insuficiente, el modelo debe ser más complejo. Esto puede hacerse utilizando algoritmos más complejos, añadiendo más parámetros o capas en las redes neuronales, o proporcionando características adicionales y relevantes que el modelo pueda aprender.

El equilibrio entre la sobreadaptación y la inadaptación es crucial para el desarrollo de un buen modelo generalizador. Un modelo bien generalizador es capaz de aprender los patrones subyacentes en los datos de entrenamiento y aplicarlos a nuevos datos. Esto requiere una cuidadosa selección y configuración del modelo, incluida la elección de la arquitectura del modelo adecuada, la cantidad correcta de datos de entrenamiento y las técnicas adecuadas para evitar la sobreadaptación y la inadaptación.

Otro aspecto importante para evitar el sobreajuste y el infraajuste es la selección y el preprocesamiento de los datos. Unos datos de entrenamiento de alta calidad, representativos y diversos son cruciales para el desarrollo de un buen modelo generalizador. El preprocesamiento de los datos, que incluye su limpieza, normalización y transformación, desempeña un papel importante para garantizar que el modelo aprenda patrones pertinentes y útiles.

El tamaño del conjunto de datos de entrenamiento también es importante. Los grandes conjuntos de datos ayudan a reducir los efectos del ruido y mejoran la capacidad de generalización del modelo. Sin embargo, si sólo se dispone de datos limitados, pueden utilizarse técnicas como el aumento de datos para generar artificialmente datos de entrenamiento adicionales. El aumento de datos consiste en crear nuevos puntos de datos mediante transformaciones como la rotación, el escalado o la deformación de los datos existentes, lo que resulta especialmente útil en el tratamiento de imágenes.

También es fundamental elegir los parámetros adecuados para evaluar el rendimiento del modelo. Es importante evaluar no sólo el rendimiento en los datos de entrenamiento, sino también el rendimiento en un conjunto separado de datos de prueba que no se utilizó durante el proceso de entrenamiento. Esto ayuda a garantizar que el modelo ha generalizado bien y no sólo ha aprendido los detalles específicos de los datos de entrenamiento. Métricas como la exactitud, la precisión, la recuperación y la puntuación F1 pueden utilizarse para evaluar de forma exhaustiva el rendimiento del modelo.

Fenómenos de "psicosis" en la IA

Descripción del mal comportamiento de los sistemas de IA

El fenómeno de la "psicosis" en inteligencia artificial se refiere metafóricamente a situaciones en las que los sistemas de IA muestran un comportamiento que parece impredecible, irracional o ilógico.

Este tipo de comportamiento erróneo puede deberse a diversos factores, como un procesamiento de datos defectuoso, problemas algorítmicos o fallos técnicos, etc. Estas anomalías hacen que la IA produzca resultados o acciones que se desvían mucho de las expectativas del usuario. Aunque los sistemas de IA no tienen conciencia ni estados emocionales y, por tanto, no pueden ser verdaderamente psicóticos en el sentido médico, la metáfora proporciona una forma vívida de describir cómo y por qué los sistemas de IA producen a veces resultados impredecibles e irracionales.

El mal comportamiento en los sistemas de IA puede definirse como cualquier tipo de respuesta o resultado que se desvíe de las funciones previstas o esperadas y sea potencialmente perjudicial o confuso. Estas anomalías pueden producirse de diversas formas, como respuestas ilógicas, acciones impredecibles o tomas de decisiones defectuosas.

Ejemplos de comportamiento inesperado o incorrecto

Decisiones sesgadas (bias)

El comportamiento inesperado o erróneo de los sistemas de inteligencia artificial puede manifestarse de muchas formas distintas y tiene implicaciones de gran alcance, sobre todo cuando se trata de decisiones sesgadas o tendenciosas.

Un ejemplo clásico de comportamiento inesperado o incorrecto son los asistentes de voz que dan respuestas confusas o ilógicas a preguntas sencillas. Un usuario puede preguntar al asistente de voz por la previsión meteorológica y, en lugar de una previsión clara, el asistente puede responder con una afirmación absurda o incoherente. Este comportamiento puede deberse a problemas en el procesamiento del lenguaje natural, como malentendidos en la interpretación de la petición del usuario o errores en el procesamiento de la información contextual. Estos errores suelen deberse a datos de entrenamiento inadecuados que no abarcan todas las posibles variaciones y matices del lenguaje humano.

Otro ejemplo es el comportamiento de los vehículos autónomos, que pueden realizar maniobras inesperadas o peligrosas. Los vehículos autónomos se basan en una serie de sensores y algoritmos para comprender su entorno y circular con seguridad. Sin embargo, si un vehículo cambia repentinamente de carril o frena bruscamente debido a datos defectuosos de los sensores o a una interpretación incorrecta de las situaciones del tráfico, puede provocar situaciones peligrosas. Estos problemas pueden deberse a datos de entrenamiento insuficientes o distorsionados que no representan adecuadamente determinadas situaciones del tráfico, o a errores en los algoritmos utilizados para el procesamiento y la toma de decisiones.

En el diagnóstico médico, los sistemas de IA también pueden mostrar un comportamiento inesperado o erróneo si realizan diagnósticos incorrectos o sugieren planes de tratamiento inexactos. Un sistema de IA entrenado con datos de imagen para detectar enfermedades como el cáncer podría dar falsos positivos o falsos negativos debido a datos de entrenamiento insuficientes o sesgados. Esto no sólo tiene consecuencias médicas, sino también éticas y jurídicas, ya que los pacientes pueden recibir tratamientos innecesarios o ver denegado el tratamiento necesario. La calidad y variedad de los datos de entrenamiento es crucial en este caso para garantizar que el modelo sea capaz de reconocer y diagnosticar correctamente los patrones pertinentes.

Otro ejemplo son los préstamos, donde los sistemas de IA se utilizan para evaluar la solvencia de los solicitantes. Si los datos de entrenamiento contienen distorsiones históricas, como una desventaja sistemática para determinados grupos sociales o étnicos, el sistema de IA puede adoptar estas distorsiones y reproducirlas en sus decisiones. Esto conduce a un trato desigual de los solicitantes, ya que determinados grupos reciben sistemáticamente puntuaciones crediticias más bajas. Un sesgo de este tipo puede tener un impacto económico y social significativo y socavar la confianza en la imparcialidad de los sistemas de IA.

En la justicia penal, por ejemplo, los sistemas de IA utilizados para predecir la probabilidad de reincidencia de los delincuentes también pueden tomar decisiones incorrectas o sesgadas. Si los datos de entrenamiento contienen sesgos, como tasas de reincidencia más altas para determinados grupos étnicos debido a la discriminación histórica, el sistema de IA puede adoptar y reforzar estos sesgos. Esto conduce a decisiones injustas y discriminatorias que pueden tener un impacto significativo en las vidas de los afectados. Por tanto, estos sistemas deben desarrollarse, supervisarse y revisarse cuidadosamente para garantizar que son justos y equitativos.

La causa de muchos de estos problemas suele residir en los datos de entrenamiento, que no sólo pueden ser incorrectos o inadecuados, sino que también pueden contener sesgos y distorsiones sistemáticos. Estos sesgos pueden estar presentes consciente o inconscientemente en los datos y son adoptados y reforzados por el sistema de IA. Un ejemplo de ello es la contratación, en la que los sistemas de IA utilizan datos históricos para evaluar la idoneidad de los solicitantes. Si los datos históricos contienen un sesgo hacia determinados géneros, etnias o grupos de edad, el sistema de IA puede adoptar este sesgo y penalizar sistemáticamente a determinados grupos de solicitantes.

Los problemas algorítmicos también pueden dar lugar a comportamientos inesperados o erróneos. Los algoritmos complejos utilizados para el aprendizaje profundo y las redes neuronales pueden tener interacciones inesperadas entre las diferentes capas y neuronas, lo que conduce a resultados impredecibles. Estos problemas suelen ser difíciles de diagnosticar y solucionar porque los procesos internos de toma de decisiones de tales modelos son complejos y opacos. Esto plantea un reto para la interpretabilidad y explicabilidad de los modelos de IA, lo que es especialmente importante en aplicaciones críticas para la seguridad y éticamente sensibles.

Los fallos técnicos, como errores de hardware, fallos de software o problemas de red, también pueden provocar un comportamiento inesperado o incorrecto. Un fallo de hardware en la GPU que realiza los cálculos o un error de software en la rutina de procesamiento de datos pueden hacer que el sistema ofrezca resultados incorrectos o ilógicos. Estos problemas técnicos requieren mecanismos sólidos de detección y corrección de errores para garantizar la fiabilidad y estabilidad del sistema de IA.

Interpretaciones erróneas y alucinaciones

Las interpretaciones erróneas y las alucinaciones en los sistemas de inteligencia artificial son fenómenos en los que la IA ofrece resultados que se desvían mucho de la realidad esperada.

Las interpretaciones erróneas se producen cuando un sistema de IA analiza incorrectamente los datos de entrada y llega a conclusiones equivocadas. Un ejemplo de ello es el procesamiento de imágenes, en el que un sistema de IA identifica incorrectamente un objeto de una imagen como otro objeto. Un coche autoconducido podría, por ejemplo, interpretar una sombra en la carretera como un obstáculo y frenar bruscamente aunque no haya ningún obstáculo real. Estas interpretaciones erróneas pueden deberse a datos de entrenamiento incorrectos o insuficientes que no hayan preparado adecuadamente al sistema para diferentes escenarios. Las deficiencias o limitaciones algorítmicas en el procesamiento de los datos de los sensores también pueden favorecer esas interpretaciones erróneas.

Las alucinaciones en los sistemas de IA se refieren a la generación de contenidos o resultados que no tienen ninguna base en los datos de entrada. Estos fenómenos son especialmente frecuentes en modelos generativos como los utilizados para crear textos, imágenes u otros contenidos creativos.

Un ejemplo bien conocido son las redes generativas adversariales, que pueden generar imágenes de aspecto realista. Sin embargo, si estos modelos funcionan incorrectamente, pueden producir imágenes surrealistas o extrañas y contener características que no se dan en la realidad. Un modelo de generación de texto podría responder a una simple entrada produciendo un texto incoherente o absurdamente largo que no tiene sentido.

Hay muchas razones para que se produzcan interpretaciones erróneas y alucinaciones. Una causa común es la calidad y variedad de los datos de entrenamiento. Los problemas algorítmicos también desempeñan un papel importante en el desarrollo de estos fenómenos. Los modelos complejos, como las redes neuronales profundas, tienen muchos parámetros y capas que interactúan entre sí. Si estos modelos no están bien configurados u optimizados, pueden tener interacciones inesperadas que conduzcan a resultados incorrectos. Por ejemplo, una red neuronal profunda utilizada para el procesamiento de imágenes podría producir artefactos extraños en las capas profundas basados en patrones demasiado complejos o malinterpretados.

Los fallos técnicos, como errores de hardware, fallos de software o problemas de red, también pueden provocar interpretaciones erróneas y alucinaciones. Un sensor defectuoso en un vehículo autónomo podría proporcionar datos erróneos que el sistema de IA interpreta incorrectamente. Un fallo de software podría hacer que un modelo de generación de textos produjera textos incoherentes o sin sentido. Estos problemas técnicos requieren mecanismos sólidos de detección y corrección de errores para garantizar la fiabilidad y estabilidad del sistema de IA.

Comparación con las psicosis humanas

Comparar el mal comportamiento de la IA con la psicosis humana ofrece una perspectiva interesante para comprender mejor el funcionamiento y los retos de la inteligencia artificial. Aunque hay diferencias importantes, también hay algunas similitudes notables que hacen que esta metáfora sea útil y perspicaz.

Las psicosis humanas se caracterizan por profundas alteraciones de la percepción, el pensamiento y la realidad. Las personas que padecen psicosis pueden experimentar alucinaciones (percepciones sin estímulos externos) y delirios (creencias falsas). Estos síntomas suelen ser el resultado de desequilibrios bioquímicos o anomalías estructurales en el cerebro.

En comparación, el mal comportamiento en los sistemas de IA es el resultado de un procesamiento de datos defectuoso, problemas algorítmicos o fallos técnicos. A pesar de las diferencias fundamentales en el origen y la naturaleza de ambos fenómenos, existen paralelismos interesantes que pueden explicar e ilustrar esta metáfora.

Una de las similitudes más notables entre la psicosis humana y el mal comportamiento de la IA es la pérdida de referencia a la realidad. En las personas con psicosis, la percepción de la realidad puede estar gravemente distorsionada, dando lugar a alucinaciones y delirios.

Del mismo modo, un tratamiento incorrecto de los datos o problemas algorítmicos pueden hacer que una IA ofrezca resultados que se desvíen mucho de la realidad. Por ejemplo, un algoritmo de clasificación de imágenes podría identificar una imagen de una manzana como un perro, lo que equivale a una especie de "alucinación", ya que la IA ve un objeto que no existe.

Otro punto de comparación es la imprevisibilidad e irracionalidad del comportamiento. En la psicosis humana, las acciones y los pensamientos suelen ser impredecibles e ilógicos, similares a los de una IA que responde a determinadas entradas con resultados incoherentes o incomprensibles. Un asistente de voz puede responder a una simple pregunta sobre el tiempo con una respuesta confusa sobre conceptos filosóficos, lo que al usuario le parece tan impredecible e irracional como el comportamiento de una persona con psicosis.

A pesar de estos paralelismos, también existen, por supuesto, diferencias significativas que hay que tener en cuenta. Las psicosis humanas son el resultado de procesos biológicos y psicológicos vinculados a la percepción consciente, las emociones y las experiencias individuales. En cambio, los sistemas de IA son puramente mecánicos y se basan en datos, sin conciencia ni emociones. Sus "comportamientos erróneos" son el resultado de algoritmos defectuosos, datos insuficientes o fallos técnicos, y no tienen experiencia subjetiva ni intencionalidad.

Las causas de los comportamientos inadaptados también varían. En las psicosis humanas intervienen desequilibrios bioquímicos, predisposiciones genéticas y factores ambientales. En los sistemas de IA, a menudo son la calidad y la representatividad de los datos de entrenamiento, así como la precisión y la solidez de los algoritmos, los que influyen en el comportamiento. Un modelo de IA puede tomar decisiones sesgadas si se entrena con datos que contienen sesgos sistemáticos. Estos sesgos pueden hacer que el modelo tome decisiones discriminatorias o injustas, similares a los delirios de una persona psicótica basados en creencias falsas.

La resolución y el tratamiento de estos problemas también difieren. Las psicosis humanas suelen requerir intervenciones médicas, como psicoterapia y medicación, para restablecer el equilibrio bioquímico en el cerebro y aliviar los síntomas psicológicos. A menudo esto no tiene ningún éxito.

En los sistemas de IA, el mal comportamiento requiere medidas como la limpieza y mejora de la calidad de los datos, la optimización de los algoritmos y la aplicación de mecanismos sólidos de supervisión y mantenimiento. Mientras que la psicosis humana requiere un profundo conocimiento del individuo y de sus antecedentes bioquímicos, la corrección del mal comportamiento de la IA requiere conocimientos técnicos y enfoques sistemáticos para la resolución de problemas.

Otra diferencia radica en la escalabilidad de las soluciones. Las psicosis humanas deben tratarse individualmente, ya que cada persona tiene síntomas y causas únicos. Con los sistemas de IA, las mejoras sistemáticas en la calidad de los datos y la arquitectura de los algoritmos pueden aplicarse potencialmente a muchas aplicaciones y modelos de forma simultánea. Un único modelo mejorado o una canalización de datos corregida pueden utilizarse en muchos contextos diferentes, lo que aumenta la eficiencia y eficacia de las soluciones.

Las implicaciones éticas son también un punto importante de diferenciación. En el tratamiento de la psicosis humana, la atención se centra en el bienestar y la autonomía de las personas afectadas, lo que requiere complejas consideraciones éticas. En el caso del mal comportamiento de la IA, las cuestiones éticas se centran en la imparcialidad, transparencia y responsabilidad de los algoritmos y sistemas. Es crucial garantizar que los sistemas de IA no tomen decisiones discriminatorias o poco éticas y que los usuarios comprendan cómo y por qué se toman determinadas decisiones.

Así pues, puede decirse que comparar el mal comportamiento de la IA con la psicosis humana proporciona una vívida metáfora para comprender mejor los retos y riesgos de los sistemas de IA. Aunque hay diferencias importantes en las causas, la naturaleza y los métodos de tratamiento, los paralelismos ayudan a destacar los peligros potenciales y la necesidad de un desarrollo y una supervisión cuidadosos de los sistemas de IA. Un conocimiento profundo de estos fenómenos puede ayudar a desarrollar soluciones de IA más sólidas, fiables y éticas, que respondan a las expectativas y exigencias de la sociedad.

Causas de las "psicosis" en la IA

Datos de formación incorrectos o contradictorios

Las causas de la "psicosis" en inteligencia artificial pueden ser múltiples, pero una de las principales son los datos de entrenamiento incorrectos o contradictorios.

Estos problemas de datos pueden influir significativamente en el comportamiento de los sistemas de IA y dar lugar a resultados impredecibles o irracionales. Los datos de entrenamiento constituyen la base sobre la que los modelos de IA aprenden a reconocer patrones y a tomar decisiones. Si estos datos no son de alta calidad, los modelos resultantes pueden ser defectuosos y poco fiables.

Los datos de entrenamiento incorrectos pueden surgir de varias formas. Una razón habitual es la introducción manual de los datos, que puede dar lugar a errores tipográficos, entradas incorrectas o conjuntos de datos incompletos. En grandes conjuntos de datos procedentes de distintas fuentes, las incoherencias y los errores pueden pasar desapercibidos y repercutir negativamente en el rendimiento del modelo. Un ejemplo sería un conjunto de datos de diagnósticos médicos que contiene diagnósticos incorrectos o información incompleta sobre los pacientes debido a errores manuales. Cuando un modelo de IA se entrena con esos datos, puede dar lugar a diagnósticos o planes de tratamiento incorrectos, lo que puede tener graves consecuencias para los pacientes afectados.

Los datos de entrenamiento incoherentes se producen cuando los datos contienen información incoherente que confunde al modelo. Esto puede ocurrir si los datos proceden de distintas fuentes que utilizan normas y formatos diferentes, o si se han recopilado durante un largo periodo de tiempo y reflejan cambios en los procesos o sistemas subyacentes. Por ejemplo, un conjunto de datos sobre opiniones de clientes sobre productos podría contener opiniones positivas y negativas sobre el mismo producto sin etiquetar claramente las condiciones en las que se dieron las opiniones. Un modelo de IA entrenado con estos datos puede tener dificultades para proporcionar una calificación coherente y hacer recomendaciones incoherentes o contradictorias.

Otro aspecto de los datos de formación erróneos es el sesgo que puede estar presente en los datos. Estos sesgos pueden ser errores sistemáticos en los datos causados por desigualdades o sesgos históricos. Cuando un modelo de IA se entrena con estos datos sesgados, puede heredar estos sesgos y reproducirlos en sus predicciones y decisiones. Un ejemplo típico es el sesgo en los datos de las solicitudes de empleo, donde los datos históricos reflejan una desventaja sistemática para determinados grupos. Un sistema de IA entrenado con esos datos podría reforzar inconscientemente esas desventajas y excluir sistemáticamente a determinados grupos de solicitantes.

La calidad de los datos de entrenamiento también puede verse mermada por una representatividad insuficiente.

Si los datos no reflejan toda la diversidad del mundo real, el modelo sólo puede generalizar hasta cierto punto. Esto significa que funciona bien con los datos de entrenamiento, pero falla con datos nuevos y desconocidos. Un ejemplo sería un algoritmo de reconocimiento facial que se haya entrenado principalmente con imágenes de personas de una determinada etnia. Un modelo de este tipo puede tener dificultades para reconocer correctamente rostros de otras etnias, lo que conduce a resultados erróneos o discriminatorios. Estos problemas pueden tener importantes implicaciones sociales y éticas, sobre todo si los sistemas de IA se utilizan en aplicaciones críticas para la seguridad o socialmente sensibles.

Los datos de entrenamiento incorrectos o contradictorios también pueden ser el resultado de una preparación y preprocesamiento inadecuados de los datos. El proceso de preprocesamiento de datos incluye pasos como la limpieza de datos, la normalización y la transformación para garantizar que los datos están en una forma adecuada para el entrenamiento. Si estos pasos no se realizan con cuidado, pueden incorporarse datos incorrectos o incompletos al modelo y afectar a su rendimiento. Por ejemplo, los valores que faltan en un conjunto de datos debido a un relleno inadecuado podrían dar lugar a suposiciones incorrectas que induzcan a error al modelo.

Además, la dinámica del mundo real puede plantear problemas si los datos de entrenamiento no se actualizan con regularidad. Si un modelo se entrena con datos obsoletos que no reflejan las condiciones actuales, puede mostrar un comportamiento incorrecto cuando se enfrenta a datos nuevos y modificados. Esto es especialmente importante en ámbitos que evolucionan con rapidez, como el análisis de los mercados financieros o la industria de la moda, donde las tendencias y las condiciones cambian constantemente. Un modelo de IA que no se alimente regularmente con datos actualizados puede hacer predicciones erróneas que ya no sean pertinentes o correctas.

Calidad y diversidad de los datos

La calidad y la diversidad de los datos desempeñan un papel fundamental para evitar la "psicosis" en los sistemas de IA, que puede manifestarse en resultados imprevisibles, irracionales o ilógicos. Si los datos son de mala calidad o insuficientemente diversos, esto puede tener un profundo impacto en la capacidad del modelo para hacer predicciones precisas y fiables. Estos problemas pueden darse a distintos niveles y sus efectos pueden ser de gran alcance y complejidad.

La calidad de los datos se refiere a la exactitud, coherencia, integridad y pertinencia de los datos utilizados para entrenar los modelos de IA. Los datos de alta calidad son precisos y no contienen errores ni incoherencias. Sin embargo, si los datos son incorrectos o incompletos, el modelo puede aprender patrones erróneos y hacer predicciones imprecisas.

Un ejemplo clásico es el diagnóstico médico, en el que los historiales incompletos o incorrectos de los pacientes pueden dar lugar a diagnósticos erróneos. En el sector financiero, unos datos incorrectos pueden llevar a tomar decisiones de inversión equivocadas, lo que puede acarrear importantes pérdidas financieras.

Otro aspecto de la calidad de los datos es su coherencia. Si los datos proceden de fuentes distintas y utilizan normas o formatos diferentes, pueden surgir incoherencias que confundan al modelo. Esto puede llevar al modelo a tomar decisiones contradictorias o ilógicas. Por ejemplo, un modelo de predicción de las preferencias de los clientes puede tener dificultades para ofrecer resultados coherentes si los datos subyacentes tienen un formato diferente o están parcialmente incompletos. Estas incoherencias dificultan que el modelo reconozca patrones claros y haga predicciones correctas.

La calidad de los datos también se ve influida por las distorsiones o sesgos que puedan presentar. Estas distorsiones pueden ser el resultado de desigualdades históricas o errores sistemáticos, y a menudo son adoptadas y amplificadas por los modelos de IA.

Por ejemplo, un algoritmo de contratación basado en datos históricos podría reproducir inconscientemente los prejuicios de género o raciales existentes, dando lugar a decisiones de contratación injustas o discriminatorias. Estos sesgos son especialmente problemáticos, ya que son difíciles de reconocer y corregir, pero pueden tener importantes implicaciones sociales y éticas.

Además de la calidad, la diversidad de datos desempeña un papel importante para evitar la "psicosis" en los sistemas de IA. La diversidad de datos se refiere a la gama de datos que abarca diferentes grupos demográficos, regiones geográficas, periodos de tiempo y otras variables relevantes. La falta de diversidad en los datos de entrenamiento puede hacer que el modelo no sea capaz de representar adecuadamente la diversidad del mundo real. Esto conduce a una pobre capacidad de generalización del modelo, que debe ser capaz de responder a una variedad de escenarios y condiciones.

Un ejemplo de la necesidad de diversidad de datos es la tecnología de reconocimiento facial. Si los datos de entrenamiento consisten principalmente en imágenes de personas de una etnia determinada, el modelo puede tener dificultades para reconocer correctamente rostros de personas de otras etnias. Esto puede dar lugar a una mayor tasa de error y a resultados discriminatorios. Problemas similares ocurren en el reconocimiento del habla cuando los datos de entrenamiento no incluyen diferentes acentos y dialectos. El modelo puede tener dificultades para entender a hablantes con diferentes antecedentes lingüísticos, lo que se traduce en una peor experiencia para el usuario.

La combinación de datos de mala calidad y datos insuficientemente diversificados puede dar lugar a comportamientos erróneos especialmente graves en los sistemas de IA. Los modelos entrenados con esos datos tienden a aprender patrones incorrectos y a producir resultados ilógicos o impredecibles. Estas "psicosis" en los sistemas de IA pueden adoptar la forma de alucinaciones, en las que el modelo genera contenidos o resultados que no tienen ninguna base en los datos de entrada. Por ejemplo, un modelo de generación de texto puede responder a una simple consulta produciendo un texto incoherente o absurdamente largo que no tiene sentido. Estos resultados no sólo son confusos, sino que pueden minar la confianza del usuario en la tecnología de IA.

Sobreajuste y complejidad del modelo

El sobreajuste y la complejidad de los modelos son dos conceptos estrechamente relacionados en el campo del aprendizaje automático que influyen significativamente en el rendimiento y la generalizabilidad de los modelos de IA.

La sobreadaptación se produce cuando un modelo aprende los datos de entrenamiento con demasiada precisión, incluidos el ruido y la aleatoriedad, lo que da lugar a un rendimiento deficiente con datos nuevos y desconocidos. La complejidad del modelo desempeña aquí un papel central, ya que los modelos más complejos tienen mayor capacidad para captar los detalles de los datos de entrenamiento, lo que tiene ventajas e inconvenientes.

Se dice que un modelo está sobreadaptado si aprende tan bien los patrones específicos y la aleatoriedad de los datos de entrenamiento que ya no puede generalizar a nuevos datos. Esto significa que el modelo no sólo reconoce los patrones subyacentes y relevantes de los datos, sino también el ruido y las características especiales de los datos de entrenamiento. Como resultado, el modelo puede funcionar muy bien en los datos de entrenamiento, pero cuando se valida o se aplica a nuevos datos, su rendimiento empeora considerablemente. Esto es especialmente problemático, ya que el objetivo del aprendizaje automático es desarrollar modelos que generalicen bien con datos nuevos y desconocidos.

La complejidad del modelo se refiere al número de parámetros y a la estructura del modelo. Un modelo simple tiene menos parámetros y una estructura más sencilla, mientras que un modelo complejo puede tener muchos parámetros y una estructura profundamente anidada. Las redes neuronales profundas son un ejemplo de modelos muy complejos capaces de captar relaciones no lineales y de alta dimensión en los datos. Aunque estos modelos tienen el potencial de ser muy potentes, también son más propensos al sobreajuste, ya que tienen capacidad suficiente para aprender los datos de entrenamiento casi a la perfección, incluido el ruido y la aleatoriedad.

La principal causa del sobreajuste reside en la excesiva flexibilidad y capacidad del modelo en relación con la cantidad y calidad de los datos de entrenamiento disponibles. Si un modelo tiene demasiados parámetros en comparación con el número de puntos de datos, puede aprender los datos de entrenamiento con demasiada precisión. Esto hace que el modelo no sea capaz de distinguir entre patrones relevantes y ruido aleatorio. Un ejemplo de esto sería una red neuronal profunda que se entrena con un número relativamente pequeño de puntos de datos. La red puede adaptar tan bien los puntos de datos que puede predecir perfectamente los datos de entrenamiento, pero tendrá un rendimiento deficiente con datos nuevos porque ha aprendido el ruido de los datos de entrenamiento.

Existen varias técnicas para evitar el sobreajuste y controlar la complejidad del modelo. Un método habitual es la regularización, que introduce restricciones o penalizaciones adicionales en los parámetros del modelo para limitar sus valores y reducir así la complejidad del modelo. Entre las técnicas de regularización más utilizadas se encuentran la regularización L1 y L2, que ayudan a mantener los parámetros del modelo más pequeños y parsimoniosos, reduciendo el riesgo de sobreajuste.

Otra herramienta importante para evitar el sobreajuste es la validación cruzada. En la validación cruzada, el conjunto de entrenamiento se divide en varias partes y el modelo se entrena y valida varias veces utilizando una parte cada vez como conjunto de validación y las partes restantes como conjunto de entrenamiento. Esto ayuda a evaluar mejor y mejorar la capacidad de generalización del modelo, ya que el modelo se prueba en diferentes subconjuntos de datos. Proporciona una estimación más sólida del rendimiento del modelo y ayuda a reducir el riesgo de sobreajuste.

El abandono es una técnica específica utilizada en redes neuronales profundas para evitar el sobreajuste. En el dropout, se desactivan neuronas seleccionadas al azar durante el entrenamiento, lo que impide que el modelo se vuelva demasiado dependiente de determinadas rutas y conexiones. Esto obliga al modelo a aprender características más redundantes y robustas que generalicen mejor. El abandono reduce la dependencia del modelo de neuronas y conexiones específicas y ayuda a mejorar la capacidad de generalización.

Elegir la complejidad adecuada del modelo es un acto de equilibrio entre la inadaptación y la sobreadaptación. La inadaptación se produce cuando el modelo es demasiado simple y no es capaz de captar los patrones subyacentes en los datos. Esto conduce a un rendimiento pobre tanto en los datos de entrenamiento como en los nuevos datos. Un modelo demasiado simple no puede captar la complejidad de los datos y, por tanto, proporciona predicciones inexactas. Es importante elegir un modelo lo suficientemente complejo como para captar los patrones relevantes de los datos, pero no tan complejo como para que aprenda el ruido y la aleatoriedad de los datos de entrenamiento.

Comprender bien los datos y el problema subyacente es crucial para elegir la complejidad adecuada del modelo y evitar el sobreajuste. Es importante analizar a fondo los datos para comprender su estructura y sus propiedades y, a continuación, elegir un modelo que se ajuste a esta estructura. Además, deben utilizarse técnicas como la regularización, la validación cruzada y el abandono para controlar la complejidad del modelo y reducir el riesgo de sobreajuste.

En la práctica, esto requiere a menudo una experimentación y un ajuste iterativos. Los desarrolladores tienen que probar diferentes arquitecturas de modelos y combinaciones de hiperparámetros para encontrar el mejor equilibrio entre complejidad y generalizabilidad. Esto incluye probar y validar modelos en conjuntos de datos separados para garantizar que se generalizan bien a datos nuevos y desconocidos. La planificación cuidadosa, la supervisión continua y el ajuste de los modelos pueden minimizar el riesgo de sobreajuste y maximizar la capacidad de generalización.

Sesgo de los datos y sus efectos

Tipos de sesgo (cultural, demográfico)

El sesgo de los datos es otro problema crítico en el campo de la inteligencia artificial que puede tener un profundo impacto en el rendimiento y la equidad de los sistemas de IA. Estos sesgos surgen cuando los datos utilizados para entrenar un modelo no son representativos de la diversidad y complejidad reales del mundo real. Estos sesgos pueden hacer que los sistemas de IA produzcan resultados impredecibles o ilógicos, lo que a menudo se describe como "psicosis" de la IA. Diferentes tipos de sesgos, incluidos los culturales y demográficos, contribuyen a estos problemas y tienen efectos diferentes.

El sesgo cultural se produce cuando los datos de entrenamiento están sesgados culturalmente y, por tanto, favorecen determinadas normas, valores o prácticas culturales. Esto puede llevar a que los sistemas de IA penalicen o malinterpreten sistemáticamente a determinados grupos culturales. Un ejemplo de sesgo cultural podría ser un modelo lingüístico que se ha entrenado principalmente con datos de una cultura lingüística específica y tiene dificultades para interpretar correctamente variantes lingüísticas o argot de otras culturas. Esto puede dar lugar a malentendidos, traducciones incorrectas o respuestas inadecuadas que penalicen o molesten a los usuarios de culturas infrarrepresentadas.

El sesgo demográfico, por su parte, se produce cuando los datos de entrenamiento tienen un sesgo demográfico y determinados grupos de población están sobrerrepresentados o infrarrepresentados. Esto puede llevar a que los sistemas de IA tomen decisiones que penalicen sistemáticamente a determinados grupos demográficos. Un ejemplo clásico de sesgo demográfico es la tecnología de reconocimiento facial. Si un modelo se entrena principalmente con imágenes de personas de una determinada etnia o grupo de edad, puede tener dificultades para reconocer correctamente rostros de personas de otras etnias o grupos de edad. Esto da lugar a tasas de error más elevadas y resultados potencialmente discriminatorios que pueden penalizar considerablemente a las personas afectadas.

El impacto del sesgo de los datos en el rendimiento y la imparcialidad de los sistemas de IA es significativo. Los datos sesgados hacen que el modelo aprenda patrones incorrectos o inexactos, lo que conduce a predicciones y decisiones erróneas o injustas. Esto puede tener graves consecuencias en muchos ámbitos, desde el diagnóstico médico hasta los préstamos y la justicia penal. En el diagnóstico médico, un modelo sesgado podría no diagnosticar o diagnosticar erróneamente ciertas enfermedades en determinadas poblaciones porque los datos de entrenamiento no representan adecuadamente a estos grupos. En los préstamos, determinados grupos demográficos podrían recibir sistemáticamente puntuaciones crediticias más bajas porque los datos históricos contienen sesgos que el modelo hereda y amplifica. En la justicia penal, a determinados grupos étnicos se les pueden asignar mayores probabilidades de reincidencia porque el modelo se basa en datos sesgados que reflejan injusticias históricas.

Estos sesgos no sólo conducen a resultados inexactos o injustos, sino que también socavan la confianza de los usuarios en los sistemas de IA. Cuando los usuarios se dan cuenta de que un sistema de IA toma sistemáticamente decisiones sesgadas o discriminatorias, disminuye la confianza en la tecnología y sus aplicaciones. Esto puede afectar significativamente a la aceptación y el éxito de los sistemas de IA y dar lugar a problemas legales y normativos.

Casos prácticos de sistemas de IA con problemas de parcialidad

El sesgo en los sistemas de IA es un problema generalizado que tiene un impacto significativo en diversas aplicaciones e industrias. Existen varios estudios de casos bien documentados que ilustran los riesgos y desafíos que pueden surgir de datos y modelos sesgados. Estos ejemplos muestran cómo el sesgo puede conducir a resultados discriminatorios e injustos y subrayan la necesidad de una supervisión cuidadosa y de mecanismos correctivos en el desarrollo de la IA.

Un ejemplo bien conocido es el sistema COMPAS (Correctional Offender Management Profiling for Alternative Sanctions), que se ha utilizado en Estados Unidos para predecir la probabilidad de reincidencia de los delincuentes. Las investigaciones, en particular un análisis realizado por ProPublica en 2016, mostraron que el sistema COMPAS predecía sistemáticamente mayores probabilidades de reincidencia para los acusados negros en comparación con los acusados blancos, incluso cuando las tasas reales de reincidencia eran comparables. Este sesgo se debía a que los datos subyacentes reflejaban disparidades y sesgos históricos. El resultado fue un trato injusto de las minorías que planteó graves problemas éticos y jurídicos y minó la confianza en el uso de tales sistemas en el sistema de justicia penal.

Otro caso de estudio es el sistema de reconocimiento facial de Amazon, Rekognition, que utilizan varios cuerpos de seguridad. Diversos estudios, entre ellos uno del

MIT Media Lab, demostraron que Rekognition presentaba tasas de error significativas en el reconocimiento de rostros de mujeres y personas de piel oscura. Estas discrepancias se atribuyeron a sesgos en los datos de entrenamiento, que contenían predominantemente imágenes de hombres blancos. Estos sesgos en los sistemas de reconocimiento facial pueden dar lugar a falsas identificaciones y a un trato injusto, sobre todo en aplicaciones críticas para la seguridad, como las fuerzas de seguridad.

Otro ejemplo destacado es el algoritmo de contratación de Amazon, desarrollado para evaluar los CV e identificar a los candidatos adecuados para las vacantes de empleo. Se descubrió que el algoritmo penalizaba sistemáticamente a las candidatas. Esto se debió a que el modelo se entrenó con datos históricos que reflejaban un sesgo hacia los hombres, ya que la industria tecnológica ha estado históricamente dominada por los hombres. El algoritmo aprendió a favorecer ciertos términos y experiencias típicamente asociados a los candidatos masculinos, lo que dio lugar a una selección discriminatoria de los candidatos. Amazon dejó de utilizar esta herramienta cuando se descubrieron los sesgos.

Otro ejemplo de sesgo en los sistemas de IA es el algoritmo de puntuación de crédito de Apple Card, operado por Goldman Sachs. Los informes de 2019 indicaron que el algoritmo asignaba sistemáticamente a las mujeres límites de crédito más bajos que a sus homólogos masculinos, incluso cuando ambos tenían perfiles financieros similares. Esto llevó a una controversia pública y a una investigación por parte de los reguladores. Los sesgos en las puntuaciones crediticias se atribuyeron a datos y modelos históricos que contenían sesgos de género y pusieron de relieve el impacto de largo alcance de los sesgos en los servicios financieros.

También hay ejemplos de sesgo en los sistemas de IA en diagnósticos médicos. Un ejemplo bien conocido es un algoritmo que se desarrolló para evaluar la necesidad de exámenes adicionales en pacientes con enfermedades respiratorias. Los estudios mostraron que el modelo era menos preciso en pacientes con piel más oscura porque los datos de entrenamiento procedían predominantemente de pacientes con piel más clara. Este sesgo provocó un trato desigual y unos resultados sanitarios potencialmente peores para los grupos infrarrepresentados. Estos ejemplos subrayan la necesidad de disponer de datos de entrenamiento diversificados y representativos para desarrollar algoritmos médicos justos y precisos.

Otro caso de estudio se refiere a modelos lingüísticos como el GPT-3, desarrollado por OpenAI. La investigación ha demostrado que el modelo puede generar ciertos contenidos racistas, sexistas y otros discriminatorios basándose en los datos con los que fue entrenado. Estos sesgos reflejan los presentes en los vastos corpus de texto de los que aprende el modelo. Las implicaciones potenciales son de gran alcance, ya que estos modelos lingüísticos se utilizan en diversas aplicaciones, desde chatbots a herramientas de generación automática de contenidos, y por tanto corren el riesgo de propagar y amplificar estos sesgos.

Estos estudios de casos ilustran los diversos efectos de los sesgos en los sistemas de IA. Muestran que los sesgos en los datos y modelos de entrenamiento pueden dar lugar a resultados discriminatorios e injustos que tienen consecuencias éticas, jurídicas y sociales de gran alcance. Para evitar y eliminar estos problemas es necesaria una cuidadosa selección de datos, comprobaciones y validaciones periódicas, así como el desarrollo y la aplicación de algoritmos de corrección de sesgos. Además, la sensibilización y la formación de los desarrolladores y los responsables de la toma de decisiones son cruciales para crear conciencia de los posibles riesgos e impactos del sesgo y garantizar que los sistemas de IA se utilicen de forma justa y responsable.

Susceptibilidad a las entradas incorrectas

La susceptibilidad de los sistemas de IA a las entradas incorrectas es otra causa clave del fenómeno de la "psicosis" en la inteligencia artificial, donde el comportamiento de la IA parece impredecible, irracional o ilógico. Esta vulnerabilidad significa que incluso pequeños errores o desviaciones en los datos de entrada pueden hacer que el modelo produzca resultados incorrectos o extraños. Esta vulnerabilidad es especialmente problemática en aplicaciones críticas para la seguridad, en las que son cruciales unas predicciones precisas y fiables.

Las entradas incorrectas pueden proceder de diversas fuentes. Por ejemplo, los sensores que suministran datos al sistema de IA pueden ser defectuosos y generar información incorrecta o distorsionada. Esto es especialmente relevante en ámbitos como la tecnología de vehículos autónomos, donde sensores como cámaras, lidar y radar recogen continuamente datos sobre el entorno. Un pequeño error en uno de estos sensores, como una calibración defectuosa o una lente sucia, puede dar lugar a percepciones falsas. Un vehículo autónomo podría interpretar una sombra inofensiva como un obstáculo y frenar bruscamente, lo que puede dar lugar a situaciones peligrosas. Esto demuestra la sensibilidad con la que estos sistemas pueden reaccionar ante entradas incorrectas.

Otro ejemplo es el procesamiento de imágenes, donde los cambios más pequeños en los valores de los píxeles pueden afectar significativamente a los resultados de un modelo. Un modelo de clasificación de imágenes podría llegar a predicciones incorrectas o absurdas debido al ruido o a ligeros cambios en la imagen. Esto podría deberse a diversos factores, como la compresión de la imagen, cambios en la iluminación o alteraciones aleatorias de los píxeles. Una imagen de un perro podría clasificarse de repente como un gato sólo porque la imagen se ha modificado ligeramente. Esta sensibilidad demuestra que el modelo no es lo bastante robusto para hacer frente a tales variaciones, lo que conduce a resultados impredecibles.

Los sistemas de IA de procesamiento de textos también son susceptibles de introducir datos incorrectos. Un pequeño error tipográfico o una redacción inusual pueden hacer que el modelo malinterprete el contexto o el significado de un texto. Un asistente de voz podría responder a una consulta mal escrita o incompleta con una respuesta inadecuada o sin sentido. Este tipo de interpretación errónea puede resultar especialmente frustrante para los usuarios y minar la confianza en la tecnología.

Las entradas incorrectas también pueden deberse a ataques malintencionados, los llamados ataques adversarios. Se trata de introducir deliberadamente pequeños cambios en los datos de entrada para engañar al modelo y provocar predicciones incorrectas. Por ejemplo, se pueden manipular los píxeles de una imagen para que el modelo reconozca una señal de stop como una señal de ceda el paso, lo que puede llevar a situaciones potencialmente peligrosas. Este tipo de ataque demuestra la facilidad con que las entradas incorrectas pueden socavar la solidez y fiabilidad de un modelo.

Otro problema es la incapacidad de muchos modelos para procesar la información contextual. Un modelo incapaz de considerar adecuadamente el contexto de una entrada puede confundirse fácilmente con datos atípicos o erróneos. Por ejemplo, un sistema de IA que analice datos médicos podría interpretar los síntomas y los resultados de las pruebas sin tener en cuenta el contexto clínico y, por tanto, realizar diagnósticos incorrectos. Un algoritmo médico podría clasificar un síntoma inusual pero inofensivo como una enfermedad grave simplemente porque los datos de entrada no son completos o contextualmente apropiados.

Los efectos de esta vulnerabilidad son de gran alcance. En aplicaciones críticas para la seguridad, las entradas incorrectas pueden provocar situaciones peligrosas que pongan en peligro la seguridad de las personas. En diagnósticos médicos, pueden conducir a diagnósticos y planes de tratamiento incorrectos, afectando a la salud y el bienestar de los pacientes. En las aplicaciones financieras, las entradas incorrectas pueden dar lugar a predicciones y decisiones de inversión erróneas, lo que puede causar importantes pérdidas financieras. Estos problemas subrayan la necesidad de mejorar la solidez y fiabilidad de los sistemas de IA.

Se necesitan varias medidas para reducir esta susceptibilidad a la introducción de datos incorrectos. El preprocesamiento cuidadoso de los datos es crucial para minimizar el ruido y los errores en los datos de entrada. Esto incluye técnicas como el filtrado y la normalización de los datos, así como la aplicación de algoritmos de detección y corrección de errores. También es crucial desarrollar y aplicar modelos robustos que sean menos sensibles a pequeños cambios en los datos de entrada. Esto incluye técnicas como el aumento de datos, la regularización y el uso de arquitecturas de modelos robustos que mejoren la capacidad de generalización.

Otro enfoque importante es la supervisión y validación continuas de los modelos durante su funcionamiento.

Los modelos deben comprobarse periódicamente para garantizar que funcionan con solidez y fiabilidad incluso en condiciones cambiantes y con nuevos datos. Esto incluye la aplicación de mecanismos para detectar y corregir comportamientos erróneos, así como la adaptación de los modelos a nuevos datos y condiciones.

Por último, la formación y sensibilización de los desarrolladores y responsables de la toma de decisiones es crucial. Es importante que todas las partes interesadas comprendan los riesgos potenciales y el impacto de los datos incorrectos y sean capaces de tomar las medidas adecuadas para mejorar la solidez y fiabilidad de los modelos. Esto incluye formación y directrices para desarrollar sistemas de IA robustos y fiables, así como la creación de equipos interdisciplinares que aporten diferentes perspectivas y conocimientos.

Importancia de la robustez para la fiabilidad

La robustez de un sistema de IA es crucial para su fiabilidad y desempeña un papel fundamental para evitar la "psicosis" en la IA. La robustez es la capacidad de un modelo para funcionar de forma estable y coherente en distintas condiciones, por ejemplo ante entradas inesperadas, ruido u otras perturbaciones. Un sistema de IA robusto puede responder eficazmente a las variaciones de los datos y proporcionar resultados fiables incluso en condiciones inciertas o variables. Esto es especialmente importante para garantizar la confianza en los sistemas de IA y respaldar su uso en aplicaciones críticas.

Un sistema de IA robusto es menos propenso a errores y puede hacer predicciones más fiables, incluso si los datos de entrada son incorrectos o incompletos. Esto es crucial porque la calidad de los datos de entrada puede variar en muchas aplicaciones del mundo real. Los sensores pueden proporcionar datos erróneos, los usuarios pueden cometer errores y las condiciones ambientales pueden cambiar. Un sistema robusto puede superar estos retos y ofrecer un rendimiento estable, minimizando el riesgo de comportamientos erróneos y resultados impredecibles.

La importancia de la robustez es claramente evidente en la tecnología de los vehículos autónomos. Los vehículos autónomos dependen de la toma de decisiones precisas y fiables en tiempo real para navegar con seguridad. Un modelo robusto puede manejar pequeños errores en los datos de los sensores, como la presencia de sombras, lluvia o niebla, y seguir tomando decisiones correctas. Si un modelo no es robusto, puede desequilibrarse fácilmente por esas perturbaciones, lo que puede provocar maniobras peligrosas como frenazos bruscos o virajes. Esto no sólo pone en peligro a los ocupantes del vehículo, sino también a otros usuarios de la carretera.

Otro ejemplo de la importancia de la solidez son los diagnósticos médicos. En este campo, los sistemas de IA tienen que hacer diagnósticos precisos y fiables, a menudo basados en datos médicos diferentes y a veces incompletos. Un modelo robusto puede hacer frente a la calidad variable de los datos y seguir proporcionando diagnósticos precisos. Si un modelo no es robusto, puede hacer diagnósticos incorrectos cuando se enfrenta a datos incompletos o ligeramente erróneos. Esto puede tener graves consecuencias para los pacientes, como tratamientos incorrectos y retrasos en los procesos de recuperación.

La solidez de los sistemas de IA también desempeña un papel decisivo en el sector financiero. Los mercados financieros son dinámicos y en ellos influyen muchos factores impredecibles. Un modelo robusto puede hacer predicciones y tomar decisiones estables en distintas condiciones de mercado, lo que es crucial para el éxito y la fiabilidad de las estrategias financieras. Un modelo no robusto podría verse desbordado por los cambios inesperados del mercado, lo que puede provocar importantes pérdidas financieras.

La solidez de los sistemas de IA también es crucial para la fiabilidad y aceptación de dichos sistemas. Si los usuarios saben que un sistema de IA ofrece resultados fiables incluso en condiciones variables, aumenta la confianza en la tecnología. Esto es especialmente importante en aplicaciones críticas para la seguridad, donde las consecuencias de un mal comportamiento pueden ser graves. Un sistema robusto indica a los usuarios que funciona de forma fiable incluso en situaciones inesperadas, lo que fomenta la aceptación y la confianza en la tecnología.

El desarrollo de sistemas de IA robustos requiere una modelización y validación cuidadosas. Esto incluye el uso de datos de entrenamiento diversos y representativos que reflejen la diversidad y complejidad del mundo real. Mediante la integración de técnicas de aumento de datos, los modelos pueden hacerse más robustos a las variaciones de los datos de entrada. Las técnicas de regularización ayudan a controlar la complejidad del modelo y a evitar el sobreajuste, lo que mejora la capacidad de generalización del modelo.

Otro aspecto importante de la robustez es la supervisión y el mantenimiento continuos de los modelos una vez desplegados. Los entornos en los que se despliegan los sistemas de IA pueden cambiar con el tiempo, y los nuevos datos pueden plantear nuevos retos. Es necesario actualizar y ajustar periódicamente los modelos para garantizar que sigan funcionando de forma sólida y fiable. Esto incluye la aplicación de mecanismos para detectar y corregir comportamientos erróneos, así como la adaptación de los modelos a nuevos datos y condiciones.

La robustez también puede mejorarse utilizando métodos de ensamblaje, en los que se combinan varios modelos para estabilizar el rendimiento global. Estos métodos aprovechan los puntos fuertes de los distintos modelos y reducen la probabilidad de que uno solo falle debido a variaciones en los datos. El ensamblaje puede ayudar a aumentar la fiabilidad y estabilidad de las predicciones y reducir la susceptibilidad a las entradas incorrectas.

Consecuencias y riesgos de la IA psicótica

Efectos sobre las decisiones y los sistemas

Una de las consecuencias más graves de la "psicosis de la IA" es la pérdida de confianza en la tecnología. Cuando los modelos de IA toman decisiones incorrectas o muestran sesgos, los usuarios y las organizaciones pierden la confianza en los sistemas. Esto puede conducir a una menor aceptación y utilización de las tecnologías de IA y mermar significativamente sus beneficios y eficacia. Esta desconfianza puede afectar a todos los ámbitos en los que se utiliza la IA, desde la medicina a las finanzas o la justicia penal.

Las desigualdades sociales pueden verse reforzadas por la parcialidad de los sistemas de IA. Cuando los algoritmos se entrenan con datos sesgados, perpetúan la discriminación y la injusticia existentes. Existen riesgos similares en otros ámbitos, como los recursos humanos, los préstamos y la atención sanitaria, donde los algoritmos sesgados pueden repercutir negativamente en las oportunidades y la calidad de vida de los grupos desfavorecidos.

Otro reto de los sistemas de IA es la falta de transparencia y responsabilidad. Muchos modelos de IA, especialmente los basados en aprendizaje profundo, son complejos y difíciles de interpretar. Esta naturaleza de "caja negra" de los modelos dificulta la comprensión de las decisiones y la asignación de responsabilidades. En caso de decisiones erróneas, a menudo es difícil determinar a quién se puede responsabilizar, lo que dificulta considerablemente el control legal y ético de la tecnología.

Además, las psicosis de la IA pueden plantear riesgos directos para la seguridad. En aplicaciones críticas para la seguridad, como la conducción autónoma o el diagnóstico médico, las decisiones erróneas pueden provocar daños físicos o incluso la pérdida de la vida. Esto subraya la necesidad de protocolos estrictos de seguridad y ensayo de los sistemas de IA para garantizar su funcionamiento fiable y seguro en situaciones críticas.

El impacto de la psicosis de la IA en la toma de decisiones de las empresas también es significativo. Las organizaciones que utilizan la IA para la toma de decisiones deben tener en cuenta los riesgos de la psicosis de la IA, ya que las malas decisiones pueden tener importantes consecuencias financieras y para la reputación. Por ello, muchas empresas están invirtiendo en sólidos mecanismos de validación y control para garantizar la integridad de sus modelos de IA y minimizar el riesgo de decisiones erróneas.

A nivel normativo y ético, los retos que plantea la psicosis de la IA ya han conducido al desarrollo de condiciones marco más estrictas. Los gobiernos y las organizaciones internacionales están elaborando directrices para garantizar la transparencia, imparcialidad y seguridad de los sistemas de IA. Estas medidas también incluyen requisitos de documentación y explicación de los procesos de toma de decisiones por parte de la IA para garantizar que los sistemas funcionan de forma trazable y responsable.

Decisiones erróneas en ámbitos sensibles (por ejemplo, justicia, medicina)

Las decisiones erróneas en ámbitos sensibles como la justicia y la medicina causadas por fenómenos erráticos de la inteligencia artificial son especialmente preocupantes. Las llamadas psicosis de la IA -las decisiones erróneas o sesgadas tomadas por los sistemas de IA- tienen el potencial de socavar significativamente la confianza en estas tecnologías y tener graves consecuencias para las personas afectadas y la sociedad en su conjunto.

En el sistema judicial, el uso de sistemas de IA para predecir las probabilidades de reincidencia o para ayudar en la toma de decisiones sobre denegación de fianzas y condenas puede tener un profundo impacto. Los algoritmos entrenados a partir de datos históricos suelen reflejar los sesgos y desigualdades presentes en esos datos. Esto puede llevar a que determinados grupos de población, especialmente las minorías, se vean sistemáticamente desfavorecidos. Por ejemplo, si un sistema de IA indica una mayor probabilidad para los miembros de determinados grupos étnicos a la hora de predecir la probabilidad de reincidencia, basándose en datos históricos de detenciones y condenas, perpetúa las desigualdades existentes en el sistema de justicia penal. Esto puede dar lugar a condenas más duras y penas de prisión más largas para estos grupos, aumentando aún más la injusticia social y socavando la confianza en el sistema judicial.

En el ámbito médico, las decisiones equivocadas de los sistemas de IA pueden ser igual de devastadoras. La IA se utiliza cada vez más para diagnosticar enfermedades, predecir su evolución y ayudar a tomar decisiones sobre el tratamiento. Sin embargo, si los datos subyacentes sobre los que se han entrenado estos sistemas contienen sesgos o imprecisiones, los diagnósticos y recomendaciones resultantes pueden ser igualmente erróneos. Un ejemplo sería un sistema de IA con menos probabilidades de interpretar ciertos síntomas en mujeres o minorías étnicas como indicadores de enfermedad grave debido a datos incompletos o sesgados. Esto puede dar lugar a que se pasen por alto o se diagnostiquen erróneamente enfermedades graves, con el resultado de un tratamiento inadecuado o incorrecto. Las consecuencias para la salud de los pacientes pueden ser graves, incluida la exacerbación de la enfermedad o incluso la muerte si no se administran a tiempo tratamientos que salvan vidas.

Estas decisiones erróneas se ven agravadas por la naturaleza de "caja negra" de muchos modelos de IA. La complejidad y opacidad de los algoritmos dificultan a menudo la comprensión de los motivos de determinadas decisiones. En el sistema judicial, esto puede significar que un acusado o su defensa no puedan entender por qué una determinada puntuación de riesgo ha dado lugar a una condena más dura. En medicina, los médicos y los pacientes pueden no ser capaces de entender por qué se ha hecho un determinado diagnóstico o se ha recomendado un tratamiento, lo que socava aún más la confianza en el sistema sanitario.

Además, estas decisiones erróneas plantean retos éticos y jurídicos. ¿Quién asume la responsabilidad si una decisión basada en la IA es manifiestamente errónea y conduce a una sentencia injusta o a un diagnóstico médico incorrecto? La asignación de responsabilidades se hace especialmente difícil cuando la toma de decisiones se basa en algoritmos complejos desarrollados y aplicados por diferentes actores. Esto requiere una cuidadosa consideración de los principios éticos y la creación de marcos reguladores claros para garantizar que los sistemas de IA sean transparentes y responsables.

Daños económicos potenciales

El daño económico potencial causado por decisiones erróneas y sesgadas también puede ser considerable.

Un riesgo importante es que las decisiones incorrectas tomadas por los sistemas de IA en las empresas pueden provocar pérdidas financieras considerables. Por ejemplo, si un sistema de IA se utiliza en el sector financiero para tomar decisiones comerciales, un análisis incorrecto o un sesgo en los datos subyacentes puede llevar a decisiones de inversión que no sean óptimas. Esto puede dar lugar a importantes pérdidas financieras para las empresas y los inversores. Del mismo modo, los modelos de calificación crediticia basados en IA que contienen sesgos pueden dar lugar a predicciones incorrectas de impago de préstamos, lo que afecta a las prácticas de préstamo y aumenta el riesgo de impago de préstamos.

Además, las decisiones incorrectas en la planificación de la cadena de suministro y la logística basadas en análisis de IA defectuosos pueden causar daños económicos considerables. Si un sistema de IA realiza previsiones incorrectas sobre la demanda o los plazos de entrega, puede provocar una gestión ineficiente de los almacenes, un exceso de existencias o cuellos de botella en el suministro. Esto no sólo afecta directamente a las empresas afectadas, sino que también puede provocar interrupciones en toda la cadena de suministro, afectando a la actividad económica de diversos sectores.

La falta de transparencia y explicabilidad de muchos modelos de IA agrava estos problemas. Si las empresas no comprenden plenamente los procesos de toma de decisiones de sus sistemas de IA, son menos capaces de reconocer y corregir posibles errores. Esto puede provocar una reacción en cadena de decisiones erróneas que repercutan negativamente en los resultados económicos generales.

Las consecuencias jurídicas y normativas también pueden acarrear importantes perjuicios económicos. Si las empresas infringen la normativa legal o las normas éticas debido a decisiones incorrectas sobre IA, pueden enfrentarse a elevadas multas y reclamaciones por daños y perjuicios. Esto es especialmente relevante en industrias muy reguladas, como el sector financiero, la sanidad y la protección de datos. Estas consecuencias jurídicas no solo pueden causar un perjuicio económico inmediato, sino también un daño duradero a la reputación de una empresa y socavar la confianza de clientes e inversores.

Además, la introducción de sistemas de IA defectuosos o sesgados puede provocar la pérdida de confianza de los consumidores. Si los clientes se sienten tratados injustamente por las decisiones de la IA, ya se trate de decisiones crediticias, reclamaciones de seguros o servicios personalizados, esto puede provocar la pérdida de clientes y una caída de las ventas. Por tanto, las empresas deben asegurarse de que sus sistemas de IA sean justos, transparentes y fiables para ganar y mantener la confianza de los clientes.

A largo plazo, el daño económico causado por la "psicosis de la IA" también puede afectar a la fuerza innovadora y la competitividad de empresas y sectores enteros. Si las empresas son reacias a desplegar o seguir desarrollando tecnologías de IA porque temen los riesgos potenciales, esto puede obstaculizar el progreso tecnológico y la competitividad a escala mundial. Esto es especialmente relevante en un momento en que la innovación tecnológica es una fuerza impulsora del crecimiento y el desarrollo económicos.

Aceptación social de la IA

La aceptación social de la inteligencia artificial es una cuestión difícil en la que influyen diversos factores.

Entre ellos se encuentran la confianza en la tecnología, la percepción de equidad y ética de las aplicaciones, así como la transparencia y explicabilidad de los procesos de toma de decisiones. Para promover la aceptación de la IA en la sociedad, estos factores deben abordarse cuidadosamente.

En primer lugar, la confianza desempeña un papel crucial. La amplia aceptación de la IA depende en gran medida de la confianza que se tenga en la tecnología. La confianza se genera a través de procesos transparentes, vías de toma de decisiones comprensibles y un rendimiento fiable. Cuando los sistemas de IA son capaces de ofrecer resultados coherentes y correctos, aumenta la confianza de los usuarios. Esto es especialmente importante en áreas críticas como la sanidad, la justicia y las finanzas, donde las decisiones erróneas pueden tener graves consecuencias. Un sistema de IA fiable debe ser comprensible para que los usuarios puedan entender cómo y por qué se toman determinadas decisiones. Esta explicabilidad contribuye a reforzar la confianza y fomentar la aceptación.

Otro factor importante es la percepción de la equidad y la ética de las aplicaciones de la IA. La aceptación social depende en gran medida de que la gente crea que la IA actúa de forma justa y sin prejuicios. Los prejuicios históricos y la discriminación incorporados a los datos de entrenamiento pueden dar lugar a decisiones sesgadas que penalicen sistemáticamente a determinados grupos. Esto puede minar significativamente la confianza en la tecnología. Para evitarlo, los desarrolladores deben asegurarse de que los sistemas de IA se entrenan con conjuntos de datos diversos y representativos. Además, deben aplicarse mecanismos para reconocer y mitigar los prejuicios a fin de garantizar decisiones justas y equitativas.

La transparencia y la capacidad de explicación de los sistemas de IA también son cruciales para su aceptación social. La gente debe ser capaz de entender los procesos de toma de decisiones de la IA para desarrollar confianza en la tecnología. Esto requiere no sólo soluciones técnicas, sino también estrategias de comunicación claras que expliquen cómo funciona la IA de forma comprensible. La educación y la información desempeñan aquí un papel fundamental. Los programas de educación específicos pueden reducir los malentendidos y temores y crear una mejor comprensión de las posibilidades y limitaciones de la IA. Un público informado está más dispuesto a aceptar y apoyar las aplicaciones de la IA.

También hay que tener muy en cuenta las implicaciones éticas del uso de la IA. Esto incluye el cumplimiento de la normativa sobre protección de datos y el tratamiento responsable de los datos personales. La sociedad debe garantizar que el uso de la IA se ajusta a las normas y valores éticos. Esto puede lograrse mediante el desarrollo y la aplicación de directrices y normas éticas que promuevan el uso responsable de la IA. Las autoridades reguladoras y los responsables políticos desempeñan aquí un papel importante al crear un marco que garantice el uso ético de la IA.

Otro elemento que influye en la aceptación social de la IA es la integración de la tecnología en la vida cotidiana. Cuantas más experiencias positivas tengan las personas con las aplicaciones de IA, más probabilidades habrá de que acepten la tecnología. A ello pueden contribuir los diseños fáciles de usar y las interfaces intuitivas que facilitan la interacción de las personas con los sistemas de IA. Las aplicaciones de éxito en ámbitos como los asistentes de voz, las recomendaciones personalizadas y los servicios automatizados pueden ayudar a aumentar la adopción al demostrar los beneficios y ventajas de la IA en la vida cotidiana.

Por último, la percepción pública y la cobertura mediática desempeñan un papel importante en la aceptación social de la IA. Los reportajes sensacionalistas sobre los peligros potenciales y el mal uso de la IA pueden alimentar los temores y reducir la aceptación.

Confianza en los sistemas de IA

La confianza en los sistemas de IA es una cuestión clave, especialmente en el contexto de las llamadas "psicosis de la IA". Estas psicosis, que pueden describirse como decisiones erróneas o sesgadas tomadas por los sistemas de IA, tienen el potencial de socavar significativamente la confianza en estas tecnologías.

En primer lugar, la transparencia de los sistemas de IA es un factor clave para la confianza. Transparencia significa que los procesos de toma de decisiones de la IA son comprensibles y entendibles. Esto es especialmente importante cuando se trata de algoritmos complejos basados en el aprendizaje profundo.

Otro aspecto crítico es la imparcialidad de los sistemas de IA. La confianza sólo surgirá si la gente puede estar segura de que las decisiones de la IA son justas e imparciales. El reto es que los sistemas de IA se entrenan con datos históricos que pueden contener sesgos y prejuicios. Estos sesgos pueden incrustarse en los modelos y reproducirse en las decisiones de la IA. Para resolver este problema, los desarrolladores deben asegurarse de que los datos de entrenamiento sean representativos y equilibrados. Además, deben utilizarse algoritmos para reconocer y corregir los sesgos. Técnicas como la mitigación de sesgos y las restricciones de imparcialidad pueden ayudar a mejorar la imparcialidad de los sistemas de IA y aumentar así la confianza de los usuarios.

La fiabilidad y solidez de los sistemas de IA también son cruciales para la confianza. Los usuarios deben poder confiar en que la IA tomará decisiones coherentes y correctas en distintas condiciones. Para ello es necesario probar y validar exhaustivamente los modelos para garantizar su fiabilidad en la práctica. Una IA robusta debe ser capaz de hacer frente a entradas y situaciones inesperadas sin tomar decisiones incorrectas o peligrosas.

Otro elemento clave es el diseño y el uso éticos de la IA. La confianza sólo se construirá si la gente puede estar segura de que la tecnología se utiliza de acuerdo con normas éticas. Esto incluye la protección de la intimidad y el tratamiento responsable de los datos personales. Además, deben elaborarse y aplicarse directrices éticas para promover el uso responsable de la IA. Estas directrices deben abordar cuestiones de equidad, transparencia y responsabilidad y garantizar que la tecnología se utiliza en beneficio de la sociedad.

Importancia de la confianza para la aceptación

La confianza desempeña un papel fundamental en la aceptación de la inteligencia artificial en la sociedad. Sin confianza en la tecnología, sus procesos y resultados, es poco probable que las personas y las organizaciones utilicen sistemas de IA a gran escala. La importancia de la confianza para la aceptación de la IA puede considerarse en varios aspectos importantes.

En primer lugar, la confianza es la clave para superar el escepticismo y la resistencia a las nuevas tecnologías. La inteligencia artificial, especialmente las formas avanzadas como el aprendizaje automático y las redes neuronales, pueden parecer aterradoras u opacas para muchas personas. Si la gente siente que no entiende cómo funciona la IA y los procesos de toma de decisiones que implica, tiende a desconfiar y rechazar estas tecnologías. La confianza procede de la transparencia y la trazabilidad, que ayudan a los usuarios a comprender los mecanismos que subyacen a la IA. Cuando los usuarios ven que la tecnología es transparente y explicable, están más dispuestos a aceptarla y utilizarla.

Otro elemento importante es la percepción de la fiabilidad y precisión de los sistemas de IA. En aplicaciones críticas, como el diagnóstico médico o el control autónomo de vehículos, la confianza en la precisión y fiabilidad de la IA es crucial. Las decisiones erróneas o imprecisas no sólo pueden provocar importantes pérdidas económicas, sino también poner en peligro vidas humanas. Si los usuarios pueden confiar en que los sistemas de IA son precisos y fiables, estarán más dispuestos a aceptar estas tecnologías y utilizarlas en ámbitos importantes.

La equidad y la ética son también de gran importancia para la confianza y la aceptación de la IA. Las sociedades están cada vez más preocupadas por las implicaciones éticas de la IA, sobre todo en relación con la parcialidad y la discriminación. Si los sistemas de IA se perciben como injustos o parciales, se socava la confianza de los usuarios y puede provocar un rechazo generalizado de la tecnología. Los desarrolladores y proveedores de IA deben garantizar que sus sistemas funcionen de manera justa e imparcial utilizando conjuntos de datos diversos y representativos y aplicando mecanismos de mitigación de sesgos. También se necesitan directrices y normas éticas para garantizar que los sistemas de IA funcionen de acuerdo con los valores morales de la sociedad.

La confianza también fomenta la innovación y la voluntad de probar nuevas tecnologías. Cuando las personas y las organizaciones confían en la seguridad y fiabilidad de la IA, están más dispuestas a invertir en estas tecnologías y probarlas en distintos ámbitos. Esto puede conducir a una difusión y aceptación más rápidas de la IA y, al mismo tiempo, reforzar el poder innovador y la competitividad de empresas y países.

Además, la confianza desempeña un papel clave en la integración social y la aceptación a largo plazo de la IA. En un mundo cada vez más digitalizado en el que la IA desempeña un papel cada vez más importante, es importante que todos los sectores de la sociedad tengan acceso a estas tecnologías y confíen en ellas. Esto requiere una labor específica de educación y sensibilización para promover la comprensión y la confianza en la IA. Un público bien informado y formado tiene más probabilidades de aprovechar las ventajas de la IA y explotar plenamente su potencial.

Consecuencias de la pérdida de confianza

Una pérdida de confianza en la inteligencia artificial puede tener consecuencias de largo alcance que se extiendan a diversos niveles de la sociedad y la economía.

En primer lugar, la pérdida de confianza conduce a una menor aceptación y utilización de las tecnologías de IA. Las empresas pueden mostrarse reacias a invertir en IA o a utilizarla en ámbitos críticos como la sanidad, las finanzas o la justicia penal. Otro aspecto significativo es el daño económico que puede derivarse de una pérdida de confianza. Las empresas que dependen en gran medida de la IA pueden sufrir importantes pérdidas económicas si sus clientes o socios pierden la confianza en sus sistemas. En la percepción pública, una pérdida de confianza en la IA también puede provocar un escepticismo más amplio hacia las innovaciones tecnológicas. Si el público pierde la confianza en la IA, puede producirse una reticencia general a adoptar nuevas tecnologías e innovaciones. Este escepticismo puede repercutir negativamente en la disposición a aceptar y utilizar nuevas tecnologías, lo que puede inhibir el progreso tecnológico en general.

Además, la pérdida de confianza en los sistemas de IA puede afectar a la innovación y al progreso de la investigación en este campo. Si los investigadores y desarrolladores sienten que su trabajo no es ampliamente aceptado o apoyado, esto podría reducir la motivación y el compromiso con la investigación en IA. Otro aspecto importante es la dimensión ética y social de la pérdida de confianza en la IA. Si los sistemas de IA se perciben como injustos o discriminatorios, esto puede exacerbar las tensiones y desigualdades sociales. La percepción de que determinados grupos o individuos son sistemáticamente desfavorecidos puede socavar la confianza social en los sistemas tecnológicos e institucionales. Esto podría conducir a una mayor polarización y a una pérdida de cohesión social, lo que podría tener graves consecuencias sociales y políticas.

Estrategias de prevención y control

Validación y depuración de datos

La prevención y el control de decisiones incorrectas mediante el uso de inteligencia artificial requiere, sobre todo, una cuidadosa validación y limpieza de los datos.

La base de toda aplicación de IA es la calidad de los datos con los que se entrenan los algoritmos. Por tanto, la validación y limpieza de datos son esenciales para garantizar que los conjuntos de datos no contengan errores, distorsiones ni anomalías.

Esto comienza con una comprobación exhaustiva de los datos brutos. Hay que comprobar que los datos estén completos y sean coherentes. La falta de datos o su incoherencia pueden llevar a conclusiones erróneas y mermar el rendimiento del sistema de IA. Un proceso de validación exhaustivo garantiza que todos los datos relevantes se registran y documentan correctamente.

La limpieza de los datos es el siguiente paso crítico. Consiste en identificar y eliminar los datos incorrectos, irrelevantes o duplicados. Este proceso ayuda a mejorar la precisión y la calidad del conjunto de datos. Un ejemplo de ello sería la eliminación de valores atípicos o puntos de datos que están claramente fuera del rango normal y podrían distorsionar el análisis. Además, es importante que la representación de los datos sea equilibrada. Un conjunto de datos desigual que represente en exceso o en defecto a determinados grupos o características puede dar lugar a un modelo de IA sesgado. Por lo tanto, la depuración debe garantizar que los datos sean diversos y representativos para promover decisiones justas y equilibradas.

Otro aspecto de la validación y limpieza de datos es la comprobación de sesgos y distorsiones sistemáticas. Los datos históricos suelen contener sesgos inconscientes que pueden estar integrados en los modelos de IA. Estos sesgos pueden tener un impacto negativo en la toma de decisiones y penalizar sistemáticamente a determinados grupos. Para evitarlo, hay que comprobar que los datos no contengan sesgos de género, raza o edad. Técnicas como las comprobaciones de imparcialidad y las estrategias de mitigación de sesgos pueden ayudar a identificar y corregir estos sesgos. La supervisión continua de los datos y los modelos es necesaria para garantizar que no se introducen nuevos sesgos.

El enriquecimiento de datos es un proceso complementario a la validación y la limpieza, en el que se integra información adicional relevante en el conjunto de datos para mejorar el análisis. Esto puede hacerse, por ejemplo, añadiendo fuentes de datos externas o aplicando técnicas de aumento de datos. Una base de datos más rica y diversa puede aumentar la solidez y precisión del modelo de IA y contribuir a minimizar las decisiones incorrectas.

Un paso importante en la prevención y el control de las decisiones incorrectas en materia de IA es también la documentación y la transparencia de los procesos de datos. Es crucial una documentación clara y detallada de las fuentes de datos, las técnicas de depuración y validación utilizadas y los supuestos y decisiones tomados. Esta transparencia permite comprender y revisar la calidad de los datos y los procesos de toma de decisiones del sistema de IA. También es importante para la rendición de cuentas y el cumplimiento de las normas legales y éticas.

Técnicas para evitar el sobreajuste

El sobreajuste de un modelo a los datos de entrenamiento es otro problema común en el aprendizaje automático que puede afectar significativamente a la capacidad de generalización de un modelo. Para evitar el sobreajuste y garantizar que un modelo funcione bien con datos nuevos y desconocidos, se pueden aplicar diversas técnicas. Estas técnicas van desde la mejora de la calidad y la diversidad de los datos hasta ajustes específicos en la arquitectura del modelo y el proceso de entrenamiento.

Una de las técnicas más básicas para evitar el sobreajuste es utilizar más datos de entrenamiento. Cuando un modelo se entrena con un conjunto de datos más amplio y diverso, tiene más posibilidades de aprender los patrones subyacentes y no sólo el ruido y la aleatoriedad de los datos. Sin embargo, recopilar y conservar datos adicionales puede resultar caro y llevar mucho tiempo, por lo que a menudo es necesario utilizar otras técnicas para sacar el máximo partido de los datos disponibles.

Otro enfoque es el aumento de datos, sobre todo en el tratamiento de imágenes. El aumento de datos consiste en generar nuevos ejemplos de entrenamiento aplicando diversas transformaciones a los datos existentes, como rotar, escalar, voltear y distorsionar las imágenes. Esta técnica aumenta efectivamente el tamaño del conjunto de datos de entrenamiento y ayuda al modelo a ser más robusto frente a las variaciones de los datos. Esto reduce la probabilidad de que el modelo aprenda detalles específicos de los datos de entrenamiento que no son relevantes para la generalización.

La regularización es una técnica muy utilizada para evitar el sobreajuste, que consiste en introducir restricciones o penalizaciones adicionales en los parámetros del modelo durante el entrenamiento. La regularización L1 y L2 son dos formas comunes de regularización. La regularización L1 añade una penalización a la suma absoluta de los pesos del modelo, lo que hace que algunos pesos se pongan a cero y, por tanto, el modelo sea más parsimonioso. La regularización L2 penaliza la suma al cuadrado de las ponderaciones del modelo, lo que reduce el tamaño total de las ponderaciones y la complejidad del modelo. Ambas técnicas ayudan a limitar la capacidad del modelo y a reducir el riesgo de sobreajuste.

El dropout es una técnica específica utilizada en redes neuronales profundas para evitar el sobreajuste. En el dropout, neuronas seleccionadas al azar se desactivan durante el entrenamiento, lo que impide que el modelo se vuelva demasiado dependiente de determinadas rutas y conexiones. Esto obliga al modelo a aprender características más redundantes y robustas que generalicen mejor. El abandono reduce la dependencia del modelo de neuronas y conexiones específicas y ayuda a mejorar la capacidad de generalización.

La validación cruzada es otra técnica importante que ayuda a evaluar el rendimiento del modelo y a evitar el sobreajuste. En la validación cruzada, el conjunto de datos de entrenamiento se divide en varias partes, y el modelo se entrena y valida varias veces utilizando una parte cada vez como conjunto de validación y las partes restantes como conjunto de entrenamiento. Esto ayuda a evaluar mejor y a mejorar la capacidad de generalización del modelo a medida que éste se prueba en diferentes subconjuntos de datos. Proporciona una estimación más sólida del rendimiento del modelo y ayuda a reducir el riesgo de sobreajuste.

Otro método para evitar el sobreajuste es utilizar un conjunto de datos de validación y una parada temprana durante el proceso de entrenamiento. Un conjunto de datos de validación, que no se utiliza para el entrenamiento, sirve para controlar el rendimiento del modelo. Con la parada anticipada, el proceso de entrenamiento se cancela si el rendimiento en el conjunto de datos de validación deja de mejorar o empeora. Así se evita que el modelo se entrene durante demasiado tiempo y empiece a aprender el ruido de los datos de entrenamiento.

Los métodos de ensamblaje, como el bagging y el boosting, también son técnicas eficaces para evitar el sobreajuste. En el ensamblaje (bootstrap aggregating), varios modelos se entrenan en diferentes subconjuntos de datos y sus predicciones se combinan. Esto reduce la varianza y ayuda a conseguir predicciones más sólidas. Los bosques aleatorios son un ejemplo popular de bagging. Los métodos de refuerzo, como el refuerzo por gradiente, entrenan secuencialmente varios modelos, y cada nuevo modelo intenta corregir los errores de los modelos anteriores. De este modo se reducen considerablemente el sesgo y la varianza, lo que mejora la capacidad de generalización.

La selección cuidadosa de la arquitectura del modelo y de los hiperparámetros también es crucial para evitar el sobreajuste. Los modelos más complejos son más propensos a sobreajustarse, sobre todo cuando se entrenan con conjuntos de datos pequeños o insuficientes. Utilizando modelos más sencillos y optimizando los hiperparámetros, como la tasa de aprendizaje, el número de capas y de neuronas, se puede reducir el riesgo de sobreajuste. Las técnicas de optimización de hiperparámetros, como la búsqueda en cuadrícula o la búsqueda aleatoria, pueden ayudar a encontrar los mejores ajustes que proporcionen un buen equilibrio entre la complejidad del modelo y la capacidad de generalización.

Solidez de la modelización

La falta de solidez en la modelización es otra causa importante del fenómeno de la "psicosis" en los sistemas de IA, en los que el comportamiento de la IA parece impredecible, irracional o ilógico. La robustez en la modelización se refiere a la capacidad de un modelo para funcionar de forma fiable y coherente en diversas condiciones, como cuando se enfrenta a entradas inesperadas, ruido u otras perturbaciones. Si un modelo no es robusto, puede desequilibrarse fácilmente y producir resultados erróneos o absurdos.

Una de las principales causas de la falta de robustez es la incapacidad de un modelo para generalizarse a entradas nuevas o inusuales. Los modelos que sólo se han entrenado con un conjunto limitado de datos de entrenamiento pueden aprender patrones y características específicas de esos datos en lugar de derivar reglas generales y robustas. Si el modelo se enfrenta a datos nuevos o diferentes que no están bien representados por los datos de entrenamiento, puede fallar o producir resultados inesperados. Por ejemplo, un asistente lingüístico entrenado principalmente con textos formales puede tener dificultades para entender y procesar el habla informal o dialectal, lo que puede dar lugar a respuestas confusas o inadecuadas.

Otro factor que contribuye a la falta de robustez es el sobreajuste (véase más arriba). Si un modelo se ajusta en exceso a los datos de entrenamiento, no sólo aprende los patrones relevantes, sino también el ruido y la aleatoriedad de los datos. Esto hace que el modelo no generalice bien con nuevos datos que no contengan estos detalles específicos. La complejidad del modelo puede agravar la sobreadaptación. Los modelos complejos con muchos parámetros tienen una gran capacidad para captar los detalles de los datos de entrenamiento, pero también son más propensos al sobreajuste y, por tanto, menos robustos ante nuevos datos.

Otro aspecto de la falta de robustez en la modelización es la sensibilidad al ruido o a pequeños cambios en los datos de entrada. Los modelos robustos deben ser capaces de hacer frente a pequeñas desviaciones o perturbaciones sin que ello afecte significativamente a su rendimiento. Sin embargo, si un modelo es muy sensible a esos cambios, puede dar lugar a resultados inestables e impredecibles. Un ejemplo de ello es el procesamiento de imágenes, donde pequeños cambios en los valores de los píxeles, como los causados por el ruido o el procesamiento de imágenes, pueden hacer que un modelo de clasificación de imágenes haga predicciones incorrectas o absurdas.

La arquitectura y el diseño del modelo también desempeñan un papel decisivo en la robustez. Los modelos que no han sido cuidadosamente diseñados y validados son más propensos a errores e inestabilidades. Por ejemplo, las redes neuronales con una arquitectura subóptima pueden tender a encontrar mínimos locales en el panorama de errores, lo que conduce a soluciones subóptimas y a una falta de robustez. Elegir la arquitectura adecuada del modelo y utilizar técnicas como la regularización y la validación cruzada son cruciales para garantizar la robustez del modelo.

Otro factor importante es la calidad y diversidad de los datos. Los modelos que se entrenan con datos de alta calidad y diversidad suelen ser más robustos y capaces de generalizarse a una amplia gama de escenarios. La falta de solidez también puede verse agravada por la insuficiencia de pruebas y validación durante la fase de desarrollo. Los modelos deben probarse a fondo con diferentes conjuntos de datos y en distintas condiciones para evaluar su robustez y generalizabilidad. Si estas pruebas no se realizan adecuadamente, el modelo puede producir resultados inesperados e imprevisibles en la práctica.

La aplicación de técnicas para aumentar la robustez es crucial para minimizar el riesgo de "psicosis" en los sistemas de IA. Una de estas técnicas es el aumento de datos, en el que los datos de entrenamiento se aumentan mediante diversas transformaciones para que el modelo sea más robusto a las variaciones de las entradas. También pueden utilizarse métodos de regularización para reducir el sobreajuste y aumentar la robustez. Además, los métodos de ensamblaje que combinan varios modelos pueden mejorar la robustez y fiabilidad de las predicciones.

Otro enfoque importante es la supervisión y adaptación continuas de los modelos después de su despliegue. Los modelos que se utilizan en el mundo real deben supervisarse y revisarse periódicamente para garantizar que siguen funcionando de forma sólida y fiable. Esto incluye la adaptación de los modelos a nuevos datos y condiciones, así como la aplicación de mecanismos para detectar y corregir comportamientos erróneos.

Controles de parcialidad y seguimiento periódico

Garantizar que se minimizan los sesgos es un aspecto crucial en el desarrollo y la aplicación de la inteligencia artificial.

La comprobación de los sesgos empieza por analizar y evaluar cuidadosamente los conjuntos de datos utilizados para entrenar los modelos de IA. Los datos históricos pueden reflejar sesgos y desigualdades inherentes que, si no se detectan, pueden incrustarse en los modelos de IA e influir en sus decisiones. Un paso importante es analizar la distribución de los datos entre los diferentes grupos demográficos y asegurarse de que ningún grupo está excesiva o insuficientemente representado. Esto puede hacerse mediante análisis estadísticos y visualizaciones que pongan de manifiesto posibles sesgos en los datos.

El uso de métricas específicas para evaluar el sesgo también es fundamental. Estas métricas incluyen métodos estadísticos como el coeficiente de impacto dispar, que examina si los resultados de un modelo son los mismos para diferentes grupos, y el análisis de las tasas de falsos positivos y falsos negativos para identificar diferencias en la clasificación errónea. Mediante el uso de estas métricas, los desarrolladores pueden identificar posibles sesgos en los modelos y evaluar en qué medida estos sesgos afectan a los distintos grupos demográficos.

Otro enfoque clave para minimizar el sesgo es el uso de algoritmos de imparcialidad y técnicas de mitigación del sesgo. Estas técnicas pueden aplicarse antes, durante y después del entrenamiento de los modelos. Antes de la formación, se pueden utilizar métodos como la reponderación o el remuestreo para garantizar que los datos de formación estén equilibrados. Durante el entrenamiento, las restricciones de equidad pueden integrarse en los procesos de optimización para garantizar que los modelos tomen decisiones justas. Tras el entrenamiento, pueden aplicarse técnicas como el postprocesamiento para comprobar y ajustar las decisiones del modelo con el fin de reducir el sesgo.

La supervisión periódica también es crucial para garantizar que los modelos sigan funcionando de manera justa y fiable. Una parte importante de la supervisión periódica es la realización de auditorías y revisiones. Estas auditorías deben realizarse de forma periódica y sistemática para verificar el cumplimiento de las normas de equidad y calidad definidas. Las revisiones independientes realizadas por expertos externos pueden aportar una seguridad adicional y contribuir a garantizar que los modelos cumplen los requisitos éticos y legales. La participación de expertos en la materia y de las partes interesadas en el proceso de supervisión también es crucial. Estos expertos aportan valiosos conocimientos y perspectivas que pueden ayudar a reconocer y abordar posibles sesgos. Mediante consultas periódicas y rondas de comentarios con las partes interesadas, los desarrolladores pueden garantizar que los modelos cumplen los requisitos prácticos y las normas éticas. Así se fomenta la mejora continua de los modelos y se favorece la aceptación a largo plazo y la fiabilidad de los sistemas de IA.

Además de la supervisión técnica, también deben tomarse medidas organizativas para promover una cultura de imparcialidad y responsabilidad. Esto incluye la formación de los empleados en detección de sesgos y prácticas justas, el establecimiento de directrices y normas claras para el desarrollo y la supervisión de modelos, y la creación de mecanismos para informar y abordar las preocupaciones y los problemas relacionados con los sesgos. Un fuerte apoyo organizativo y un compromiso compartido con las prácticas éticas de la IA son fundamentales para lograr el éxito a largo plazo a la hora de minimizar los sesgos y garantizar la calidad de los datos.

Técnicas para identificar y corregir los sesgos

A continuación se describen detalladamente algunas de las técnicas más importantes para identificar y corregir los sesgos.

Identificación de sesgos

Estadísticas descriptivas y visualización

Un método básico para identificar sesgos es el uso de estadísticas descriptivas y técnicas de visualización. Analizando la distribución de las características de los datos, como el sexo, la edad, el origen étnico y otras características demográficas, se pueden identificar desequilibrios y sesgos en los conjuntos de datos. Los histogramas, gráficos de caja y de dispersión son herramientas útiles para visualizar posibles patrones de sesgo.

Análisis de impacto desigual

El análisis del impacto dispar evalúa si una decisión o predicción de un modelo tiene efectos diferentes en los distintos grupos. Este análisis utiliza parámetros estadísticos como el coeficiente de impacto dispar, que mide la proporción de resultados positivos para un grupo protegido en comparación con un grupo de referencia. Una diferencia significativa en los resultados indica un posible sesgo.

Análisis de falsos positivos/falsos negativos

Otro medio de identificar el sesgo consiste en analizar las tasas de clasificación errónea (falsos positivos y falsos negativos) de los distintos grupos. Las diferencias en estas tasas pueden indicar sesgos sistemáticos en el modelo. Por ejemplo, una mayor proporción de falsos positivos para un grupo demográfico concreto podría indicar un sesgo en el modelo.

Corrección del sesgo

Técnicas de pretratamiento

Las técnicas de preprocesamiento pretenden corregir las distorsiones de los datos antes de entrenar el modelo. Entre ellas se incluyen métodos como:

Nuevo peso

La reponderación es una técnica de aprendizaje automático y procesamiento de datos que tiene como objetivo lograr una distribución más equilibrada de los distintos grupos dentro de un conjunto de datos. Este método suele utilizarse para corregir sesgos en los datos y garantizar que los modelos de aprendizaje automático realicen predicciones justas y equitativas.

La reponderación se refiere al proceso de ajustar las ponderaciones de los puntos de datos individuales en un conjunto de datos para lograr una distribución más representativa y equilibrada de las características de los grupos. Esto significa que los puntos de datos de los grupos infrarrepresentados reciben una ponderación mayor, mientras que los puntos de datos de los grupos sobrerrepresentados reciben una ponderación menor. El objetivo es minimizar las distorsiones causadas por el tamaño desigual de los grupos y permitir que los algoritmos de aprendizaje desarrollen modelos más justos.

La aplicación técnica de la reponderación se lleva a cabo en varias etapas. En primer lugar, se analiza el conjunto de datos para comprender la distribución de los distintos grupos. Esto incluye la identificación de las características de los grupos (como sexo, etnia, edad, etc.) y la cuantificación de su frecuencia en el conjunto de datos. A partir de este análisis, se ajustan las ponderaciones de los puntos de datos. Para ello se pueden utilizar diversos métodos, como la ponderación inversa de frecuencias o la ponderación bayesiana.

Un método utilizado con frecuencia es la ponderación de frecuencia inversa, en la que la ponderación de un punto de datos es inversamente proporcional a la frecuencia de su grupo en el conjunto de datos. Por ejemplo, si un grupo sólo representa el 10% del conjunto de datos, mientras que otro grupo representa el 90%, los puntos de datos del grupo más pequeño reciben una ponderación nueve veces superior a la del grupo más grande. Esto obliga al modelo a tener más en cuenta al grupo más pequeño a la hora de modelizar.

La aplicación de la reponderación conlleva una serie de retos. Uno de los mayores es encontrar el equilibrio adecuado. La sobreponderación de los grupos infrarrepresentados puede llevar a un ajuste excesivo, en el que el modelo reaccione de forma desproporcionada a los pocos puntos de datos de estos grupos. Por otra parte, la infraponderación puede no corregir suficientemente el sesgo.

Otro aspecto importante es la calidad de los datos. Si los puntos de datos de los grupos infrarrepresentados son de mala calidad o tienen errores sistemáticos, la reponderación puede agravar estos problemas en lugar de resolverlos. Por lo tanto, es fundamental preparar y analizar cuidadosamente los datos antes de aplicar la reponderación.

La reponderación se utiliza en muchos ámbitos en los que se requieren modelos justos y equilibrados. En la investigación sanitaria, por ejemplo, puede utilizarse para garantizar que los modelos médicos no se basen únicamente en datos de un grupo demográfico, sino que también tengan en cuenta adecuadamente a otros grupos. Esto es especialmente importante en ámbitos en los que existen desigualdades históricas en la disponibilidad de datos.

Otro ejemplo es el uso de la reponderación en la evaluación del crédito. En este caso, la técnica puede ayudar a garantizar que los modelos sean justos para los distintos grupos étnicos o sexos, asegurando que ningún grupo se vea desfavorecido debido a la desigualdad en la distribución de los datos.

Remuestreo

El remuestreo es una técnica muy utilizada en el aprendizaje automático y el tratamiento de datos cuyo objetivo es lograr una distribución más equilibrada de los grupos dentro de un conjunto de datos. Este método es especialmente útil para corregir los sesgos y desequilibrios que surgen cuando determinados grupos están infrarrepresentados o sobrerrepresentados en los datos de entrenamiento. El remuestreo puede utilizarse para desarrollar modelos que hagan predicciones más justas y precisas.

El remuestreo comprende dos enfoques principales: El sobremuestreo y el submuestreo. El sobremuestreo se refiere a la duplicación de puntos de datos de grupos infrarrepresentados para aumentar su número en el conjunto de datos. Esto se hace para garantizar que el modelo recibe suficientes ejemplos de estos grupos para aprender mejor sus características. Por otro lado, el submuestreo consiste en eliminar puntos de datos de grupos sobrerrepresentados para reducir su número. Así se evita que el modelo se fije demasiado en los grupos más frecuentes y descuide los grupos menos frecuentes.

El objetivo principal del remuestreo es crear un equilibrio en los datos de entrenamiento para que todos los grupos estén igualmente bien representados en el conjunto de datos. Esto garantiza que el modelo no desarrolle sesgos sistemáticos y haga predicciones justas para todos los grupos.

La aplicación del remuestreo requiere un análisis minucioso de la distribución de los distintos grupos en el conjunto de datos. En primer lugar, se analiza el conjunto de datos en busca de desequilibrios determinando las frecuencias de las distintas características de los grupos. A partir de este análisis, se decide qué grupos deben someterse a un sobremuestreo o a un submuestreo. El sobremuestreo puede realizarse de varias maneras. Un método sencillo consiste en duplicar aleatoriamente los puntos de datos de los grupos infrarrepresentados. Un método más avanzado consiste en generar sintéticamente nuevos puntos de datos utilizando técnicas como la Técnica de Sobremuestreo Sintético de Minorías (SMOTE). SMOTE crea nuevos puntos de datos combinando y variando las características de los puntos de datos existentes. El submuestreo puede lograrse eliminando aleatoriamente puntos de datos de los grupos sobrerrepresentados. Un método menos arriesgado consiste en seleccionar los puntos de datos de forma que se preserve la varianza dentro de los grupos. Esto puede lograrse mediante un muestreo estratificado, en el que se tienen en cuenta las características más importantes de los puntos de datos.

La aplicación del remuestreo conlleva varios retos. Si el muestreo es excesivo, existe el riesgo de sobreajuste, ya que el modelo puede reaccionar con demasiada intensidad a los puntos de datos duplicados, lo que lo hace menos generalizable. Si el muestreo es insuficiente, se corre el riesgo de perder información, ya que pueden eliminarse puntos de datos importantes, lo que puede limitar la capacidad del modelo para reconocer patrones en los datos. Otro aspecto importante es la calidad de los datos. Si los grupos infrarrepresentados contienen intrínsecamente datos más ruidosos o menos representativos, el remuestreo puede exacerbar estos problemas en lugar de resolverlos. Por lo tanto, es esencial un tratamiento previo cuidadoso de los datos y un análisis exhaustivo de las características de los grupos.

El remuestreo se utiliza en muchos ámbitos en los que es crucial desarrollar modelos justos y precisos. Un ejemplo destacado es la investigación médica, donde la distribución de los grupos de pacientes suele estar desequilibrada. El remuestreo puede garantizar que el modelo pueda hacer predicciones fiables para todos los grupos de pacientes, independientemente de su sexo, edad o etnia. Otro ejemplo es la detección de fraudes en transacciones financieras. Los casos de fraude suelen ser poco frecuentes, por lo que los datos están muy desequilibrados. Un sobremuestreo de los casos de fraude permite entrenar mejor a un modelo para que reconozca estos eventos poco frecuentes sin verse dominado por la abrumadora mayoría de casos no fraudulentos.

El remuestreo es una técnica esencial para corregir los desequilibrios en los conjuntos de datos y promover la equidad en los modelos de aprendizaje automático. Mediante el sobremuestreo o submuestreo selectivo de puntos de datos, se consigue un equilibrio en los datos de entrenamiento, lo que conduce a modelos más justos y representativos. A pesar de las dificultades asociadas a la aplicación del remuestreo, este método ofrece una forma eficaz de mejorar la calidad y la equidad de los modelos predictivos y de garantizar unas normas éticas en el tratamiento de datos.

Aumento de datos

El aumento de datos es una técnica utilizada en el aprendizaje automático y el tratamiento de datos para complementar los conjuntos de datos existentes con puntos de datos generados sintéticamente. El objetivo de este método es aumentar la diversidad y representatividad de los datos, mejorando así el rendimiento de los modelos y evitando el sobreajuste. Esta técnica es especialmente útil en ámbitos como el reconocimiento de imágenes y del habla y el procesamiento del lenguaje natural, donde es crucial disponer de conjuntos de datos amplios y diversos.

El aumento de datos consiste en aplicar diversas transformaciones a los puntos de datos existentes para crear versiones nuevas y ligeramente variadas de esos datos. En el tratamiento de imágenes, estas transformaciones pueden consistir en girar, escalar, voltear, recortar o añadir ruido a las imágenes. Estas técnicas simulan variaciones del mundo real que hacen que el modelo sea robusto ante patrones similares, pero no idénticos, durante el entrenamiento.

Un ejemplo de aplicación del aumento de datos en el tratamiento de imágenes sería el uso de un conjunto de datos de entrenamiento de imágenes de gatos. Mediante transformaciones como rotar las imágenes en diferentes ángulos, cambiar el brillo o añadir ruido, se puede aumentar artificialmente el conjunto de datos. Esto ayuda a que el modelo se generalice mejor al entrenarlo con una mayor variedad de apariencias, lo que mejora la capacidad general de reconocimiento de las imágenes de gatos.

En el procesamiento del lenguaje natural, el aumento de datos puede lograrse mediante técnicas como la sustitución de sinónimos, la eliminación aleatoria de palabras o la adición de ruido al texto. Por ejemplo, una frase como "Hoy hace un tiempo estupendo" podría cambiarse por "Hoy hace un tiempo estupendo" sustituyendo "estupendo" por "maravilloso". Estas variaciones ayudan al modelo a aprender una representación más sólida de la lengua y mejoran su capacidad para enfrentarse a formulaciones nuevas e imprevisibles.

Otro ámbito en el que el aumento de datos desempeña un papel importante es el reconocimiento del habla. En este caso, pueden crearse datos de audio generados sintéticamente añadiendo ruido de fondo, cambiando la velocidad del habla o modificando el tono. Estos puntos de datos aumentados ayudan a incrementar la diversidad del conjunto de datos de entrenamiento, lo que conduce a un mejor reconocimiento e interpretación de las palabras y frases habladas.

Aunque el aumento de datos ofrece muchas ventajas, también plantea retos y limitaciones. Uno de ellos es garantizar que los puntos de datos aumentados conserven las características y patrones subyacentes de los datos originales y no provoquen una degradación del rendimiento del modelo. Si las transformaciones aplicadas son demasiado extremas o introducen variaciones irrelevantes, pueden confundir el modelo y afectar a su capacidad de generalización.

Otro problema potencial es la intensidad computacional del aumento de datos. Crear y procesar un gran número de puntos de datos sintéticos puede requerir importantes recursos computacionales, lo que en algunos casos puede aumentar el tiempo de entrenamiento y la infraestructura necesaria. Por lo tanto, es importante desarrollar algoritmos y técnicas eficientes para aplicar eficazmente el aumento de datos sin sobrecargar los recursos.

Técnicas de tratamiento

Durante el entrenamiento del modelo se utilizan técnicas de procesamiento para minimizar el sesgo. Entre ellas se incluyen:

Limitaciones de equidad

Las restricciones de equidad son una técnica importante en el aprendizaje automático que pretende integrar las restricciones de equidad directamente en el proceso de entrenamiento de los modelos. El objetivo de esta técnica es garantizar que los modelos tomen decisiones justas y eviten el sesgo y la discriminación sistemáticos. A menudo se consigue modificando la función de pérdida para optimizar tanto la precisión de la predicción como la equidad.

La aplicación de las restricciones de equidad comienza con la definición de los criterios específicos de equidad que deben tenerse en cuenta en el modelo. Estos criterios pueden variar en función del caso de uso, pero suelen incluir aspectos como la paridad demográfica, la igualdad de probabilidades o la igualdad de oportunidades. La paridad demográfica exige que los resultados de las predicciones para los distintos grupos demográficos se distribuyan de forma similar. La igualdad de probabilidades garantiza que las tasas de falsos positivos y falsos negativos sean las mismas para todos los grupos. Igualdad de probabilidades significa que la probabilidad de una predicción positiva correcta es la misma para todos los grupos.

Una vez definidos los criterios de equidad, se modifica la función de pérdida del modelo. La función de pérdida es una construcción matemática que mide el rendimiento del modelo y define el objetivo del proceso de formación. Al añadir condiciones de equidad a la función de pérdida, se obliga al modelo a optimizar tanto la precisión de la predicción como el cumplimiento de los criterios de equidad. Esto puede lograrse introduciendo términos adicionales en la función de pérdida que cuantifiquen y penalicen la desviación de los objetivos de equidad.

Un ejemplo de función de pérdida modificada podría ser el siguiente: Supongamos que tenemos una función de pérdida estándar $L(y, \hat{y})$ que mide la discrepancia entre los valores reales y y los valores predichos $\hat{y}$. Para integrar la equidad, podríamos añadir un término adicional F que representa la condición de equidad. La función de pérdida modificada podría ser entonces \(L(y, \hat{y}) + \lambda F \), donde \(\lambda \) es un hiperparámetro que determina el peso relativo de la condición de equidad. Ajustando \(\lambda \), el modelo puede equilibrar la precisión de la predicción y la equidad.

La introducción de restricciones de imparcialidad en el proceso de formación conlleva varios retos. Uno de los mayores es encontrar el equilibrio adecuado entre equidad y precisión. Centrarse demasiado en la equidad puede reducir la exactitud global del modelo, mientras que centrarse demasiado en la exactitud puede descuidar la equidad. Para garantizar que el modelo alcance ambos objetivos en un grado adecuado, es necesario realizar un ajuste y una validación cuidadosos.

Otro problema es la complejidad de los propios criterios de equidad. Diferentes criterios de equidad pueden entrar en conflicto entre sí y a menudo es difícil encontrar una solución que cumpla todos los criterios al mismo tiempo. Además, los criterios de equidad pueden variar en función del contexto y la aplicación, lo que significa que la aplicación de las restricciones de equidad debe personalizarse y adaptarse a requisitos específicos.

Un ejemplo práctico de la aplicación de las restricciones de equidad es el desarrollo de un modelo de calificación crediticia que garantice que ningún grupo demográfico sea penalizado debido a su etnia o sexo. Al integrar las restricciones de equidad en la función de pérdida del modelo, se puede garantizar que el modelo tome decisiones de crédito justas asegurando la misma probabilidad de aprobación de créditos para todos los grupos.

Debiasing adversarial

El debiasing adversarial es una técnica innovadora en el campo del aprendizaje automático cuyo objetivo es reducir el sesgo en los modelos. Este método utiliza redes adversariales para reconocer y eliminar los sesgos sistemáticos sin dejar de entrenar el modelo principal para que haga predicciones precisas. Este enfoque representa una combinación de la fuerza de las redes adversariales y la necesidad de tomar decisiones justas.

El concepto básico de redes adversariales se introdujo originalmente en el contexto de las redes adversariales generativas (GAN), en las que dos redes se enfrentan entre sí: un generador que intenta producir datos realistas y un discriminador que intenta distinguir los datos reales de los generados. El debiasing adversarial adapta este principio para combatir los sesgos en los datos y los modelos.

En la depuración adversarial, la configuración consta de dos componentes principales: el modelo de predicción y la red adversarial. Como es habitual, el modelo de predicción se entrena para realizar predicciones precisas de la variable objetivo. Paralelamente, la red adversarial se entrena para reconocer los sesgos en las predicciones del modelo. El proceso de entrenamiento se diseña para que el modelo de predicción aprenda a hacer predicciones precisas y libres de sesgos con el fin de engañar a la red adversaria.

El proceso de formación comienza con el entrenamiento del modelo de predicción en los datos originales para realizar predicciones precisas. Durante este entrenamiento, las predicciones del modelo y las etiquetas verdaderas se introducen como entradas en la red adversaria. La red adversaria se entrena para reconocer si las predicciones del modelo contienen sesgos basados en las características demográficas de los datos.

Se aplica un mecanismo de retroalimentación para reducir el sesgo. Si la red adversarial reconoce un sesgo en las predicciones, se envía una señal de retroalimentación al modelo de predicción. Esta señal de retroalimentación se utiliza para ajustar los pesos del modelo de predicción de modo que las predicciones futuras contengan menos sesgo. El objetivo es entrenar el modelo de predicción para que no sólo haga predicciones precisas, sino también predicciones que la red adversaria no pueda reconocer como sesgadas.

Un ejemplo práctico de debiasing adversarial es el desarrollo de un modelo de contratación que evalúa las solicitudes de empleo. El modelo de predicción se entrena para evaluar la idoneidad de los solicitantes en función de sus cualificaciones. Al mismo tiempo, la red adversarial se entrena para reconocer si las predicciones del modelo están influidas por características demográficas como el sexo o la etnia. Mediante el proceso de entrenamiento iterativo, el modelo de predicción aprende a hacer predicciones libres de estos sesgos, lo que se traduce en decisiones de contratación más justas.

Sin embargo, la aplicación del debiasing adversarial también plantea retos. Uno de los mayores retos es encontrar el equilibrio entre precisión e imparcialidad. Centrarse demasiado en eliminar el sesgo puede reducir la precisión general del modelo. Otro aspecto es la complejidad de la aplicación. El proceso de entrenamiento requiere una cuidadosa coordinación de las dos redes, lo que exige recursos informáticos y conocimientos adicionales.

Técnicas de tratamiento posterior

Las técnicas de postprocesamiento se utilizan tras el entrenamiento del modelo para corregir las distorsiones en las predicciones.

Probabilidades igualadas

Equalised odds es un método importante en el campo de la equidad en el aprendizaje automático, cuyo objetivo es ajustar las predicciones de un modelo para que las tasas de falsos positivos y falsos negativos sean las mismas para los distintos grupos demográficos. Este concepto garantiza que el modelo tenga probabilidades de error similares independientemente del grupo al que pertenezcan los puntos de datos y, por lo tanto, no penaliza ni favorece sistemáticamente a grupos individuales.

La idea central de Equalised Odds es garantizar la igualdad de las tasas de error entre los distintos grupos.

Matemáticamente, esto significa que la probabilidad de que el modelo haga una predicción positiva, dado que el resultado real es positivo (tasa positiva verdadera), y la probabilidad de que el modelo haga una predicción negativa, dado que el resultado real es negativo (tasa negativa verdadera), deben ser iguales para todos los grupos. Formalmente, las condiciones para que las probabilidades sean iguales son las siguientes:

$P(\hat{Y} = 1 \mid Y = 1, A = a) = P(\hat{Y} = 1 \mid Y = 1, A = b)$ para todos los grupos a y b,

$P(\hat{Y} = 0 \mid Y = 0, A = a) = P(\hat{Y} = 0 \mid Y = 0, A = b)$ para todos los grupos a y b.

Aquí $\hat{Y}$ representa la predicción del modelo, Y el resultado real y A el grupo demográfico.

La aplicación de Equalised Odds en el entrenamiento de un modelo requiere ajustes específicos para garantizar que las tasas de error se igualan para todos los grupos. Una forma de conseguirlo es ajustar el modelo a posteriori o aplicar técnicas de optimización específicas durante el proceso de entrenamiento. Un método comúnmente utilizado consiste en modificar la función de pérdida del modelo para optimizar no sólo la precisión de la predicción, sino también el cumplimiento de las probabilidades igualadas. Esto puede hacerse introduciendo términos de equidad adicionales en la función de pérdida que minimicen las desviaciones en las tasas de error entre los grupos.

Un ejemplo práctico de la aplicación de probabilidades igualadas es el desarrollo de un modelo de calificación crediticia que garantice que las tasas de falsos positivos y falsos negativos sean las mismas para los distintos grupos étnicos. Sin ajustes, determinados grupos podrían recibir demasiadas aprobaciones de crédito falsas o demasiadas solicitudes de crédito denegadas debido a sesgos en los datos históricos. Aplicando Equalised Odds, el modelo puede ajustarse para que estas tasas se igualen entre grupos, lo que da lugar a decisiones crediticias más justas.

Sin embargo, la aplicación de Equalised Odds también plantea retos. Uno de los mayores retos es encontrar el equilibrio adecuado entre equidad y precisión. El cumplimiento de las probabilidades igualadas puede reducir la precisión global del modelo, ya que hay que tener en cuenta restricciones adicionales. Además, la aplicación de este método puede resultar compleja, sobre todo cuando las características del grupo son diversas y están distribuidas de forma diferente.

Probabilidades igualadas calibradas

Calibrated Equalised Odds es un método avanzado para mejorar la imparcialidad y precisión de los modelos de aprendizaje automático. Esta técnica se basa en el concepto de probabilidades igualadas, pero lo amplía para incluir el aspecto de la calibración de las predicciones. El objetivo es tanto igualar las tasas de error (tasas de falsos positivos y falsos negativos) entre distintos grupos demográficos como garantizar la calibración de las predicciones probabilísticas.

El concepto de calibración en este contexto significa que las probabilidades previstas deben coincidir con las probabilidades reales. En otras palabras, si un modelo predice una probabilidad del 70% de un acontecimiento positivo, este acontecimiento debería producirse realmente el 70% de las veces. La calibración es importante para garantizar que las probabilidades que arroja el modelo sean fiables y puedan interpretarse.

Las probabilidades igualadas calibradas combinan los objetivos de equidad mediante probabilidades igualadas con el requisito de calibración. Esto significa que el método pretende garantizar que las probabilidades previstas se calibren por igual entre los grupos y que se igualen las tasas de falsos positivos y falsos negativos.

Para lograr probabilidades igualadas calibradas, se suele utilizar un proceso de dos pasos. En el primer paso, se entrena un modelo de predicción para maximizar la precisión sin tener en cuenta la equidad. En el segundo paso, se añade una capa de calibración que ajusta las predicciones del modelo para garantizar la igualdad de probabilidades y la calibración entre los distintos grupos.

Un enfoque utilizado con frecuencia para la calibración es la regresión isotónica o el escalado plano. Estos métodos ajustan las probabilidades para que coincidan mejor con los resultados reales. Además, se puede utilizar una rutina de optimización para garantizar que las predicciones calibradas satisfacen la condición de probabilidades igualadas. Esto puede lograrse introduciendo términos de regularización en la función de pérdida que minimicen las desviaciones de las tasas de error y los errores de calibración entre los grupos.

Un ejemplo práctico de la aplicación de probabilidades calibradas igualadas es el desarrollo de un modelo para predecir las tasas de reincidencia entre los delincuentes. Un modelo estándar podría tener sesgos que hicieran que determinados grupos demográficos se clasificaran como de mayor riesgo. El uso de probabilidades igualadas calibradas garantiza que los porcentajes de error sean los mismos para todos los grupos y que las predicciones de probabilidad estén correctamente calibradas. Esto permite realizar predicciones justas y precisas, lo que conduce a decisiones más justas en el sistema judicial.

La aplicación de probabilidades igualadas calibradas conlleva una serie de retos. Uno de los mayores es la complejidad de la aplicación, ya que hay que calibrar las probabilidades y garantizar la equidad entre los grupos. Esto requiere un ajuste cuidadoso de los parámetros del modelo y, posiblemente, mayores recursos informáticos. Además, el equilibrio entre equidad y precisión puede ser difícil de alcanzar, ya que hay que incluir restricciones adicionales en la optimización.

Rechazar la opción Clasificación

La clasificación por opciones de rechazo es una técnica para mejorar la equidad en los modelos de aprendizaje automático que pretende ajustar o rechazar las predicciones en casos de gran incertidumbre, especialmente cuando estas predicciones podrían conducir a resultados injustos para determinados grupos demográficos. Este método reconoce y aborda situaciones en las que el modelo podría tomar decisiones inciertas o potencialmente sesgadas y permite evitar o corregir tales decisiones.

La idea básica que subyace a la Clasificación por Rechazo de la Opción es que, en casos de gran incertidumbre o sesgo potencial, el modelo no toma una decisión definitiva, sino que rechaza la predicción o aplica un método de decisión alternativo. Esto puede ser especialmente importante cuando la incertidumbre del modelo indica que la decisión puede ser errónea o injusta para determinados grupos.

El proceso de aplicación de la Clasificación de las Opciones de Rechazo consta de varios pasos:

- Reconocer la incertidumbre: En primer lugar, el modelo debe ser capaz de cuantificar la incertidumbre en sus predicciones. Esto puede hacerse calculando medidas de incertidumbre como la entropía de la distribución de la predicción, la varianza de las predicciones de probabilidad u otros indicadores estadísticos de incertidumbre.

Una incertidumbre elevada indica que el modelo no está seguro de que la predicción sea correcta.
- Definición de valores umbral: A partir de las medidas de incertidumbre, se definen valores umbral por encima de los cuales se rechaza o ajusta una predicción. Estos umbrales pueden calibrarse para que sean especialmente eficaces en los casos en que la predicción pueda dar lugar a resultados injustos para determinados grupos.
- Rechazar o ajustar la predicción: Si la incertidumbre supera un umbral especificado, el modelo puede rechazar la predicción y aplicar en su lugar un método de decisión alternativo. Esto podría significar que el caso se reenvía para una nueva revisión manual o que se toma una decisión conservadora menos arriesgada.

Un ejemplo práctico del uso de la clasificación de opciones de rechazo es la concesión de créditos. En los casos en los que el modelo no está seguro de si aprobar o rechazar una solicitud de crédito, puede rechazar la decisión y reenviar el caso para su revisión manual. Esto es especialmente importante si la incertidumbre indica que la decisión puede ser injusta para determinados grupos demográficos debido a sesgos o datos insuficientes.

Utilizar esta técnica tiene varias ventajas. Al evitar decisiones en casos de gran incertidumbre, se reduce la probabilidad de errores y resultados injustos. Esto ayuda a mejorar la imparcialidad general del modelo y a aumentar la confianza del usuario en las predicciones del modelo. Además, la clasificación de opciones de rechazo permite tratar casos difíciles o delicados de forma selectiva, lo que puede dar lugar a una mejor utilización de los recursos disponibles.

Sin embargo, la aplicación de la Clasificación de las Opciones de Rechazo también plantea dificultades. Uno de los mayores retos es establecer umbrales de incertidumbre adecuados. Estos umbrales deben calibrarse cuidadosamente para garantizar su eficacia sin comprometer demasiado el rendimiento del modelo. Además, la identificación y cuantificación de la incertidumbre requiere cálculos adicionales y puede aumentar la complejidad del modelo.

Supervisión y auditorías continuas

La corrección de los sesgos no es un proceso puntual, sino que requiere un seguimiento continuo y auditorías periódicas de los modelos. Esto incluye

- Herramientas de supervisión: Implemente herramientas para supervisar continuamente el rendimiento del modelo y las métricas de equidad durante el funcionamiento. Estas herramientas pueden activar alertas automáticas cuando se detecten distorsiones.
- Auditorías periódicas: revisiones sistemáticas de los modelos y sus predicciones por parte de expertos internos o externos para garantizar que los modelos siguen funcionando de forma justa y precisa. Estas auditorías deben incluir tanto

análisis estadísticos como evaluaciones cualitativas.

- Circuitos de retroalimentación: establecer mecanismos que permitan a los usuarios dar su opinión sobre las decisiones de la IA. Esta retroalimentación puede utilizarse para mejorar continuamente el modelo y reconocer y rectificar posibles problemas de sesgo en una fase temprana.

Participación de las partes interesadas

La participación de expertos en la materia, especialistas en ética y comunidades afectadas también es crucial para garantizar que los prejuicios se abordan de forma exhaustiva y ética. Mediante consultas periódicas y la solicitud de opiniones, pueden tenerse en cuenta diferentes perspectivas y preocupaciones, lo que conduce a una IA más sólida y equitativa.

Identificar y corregir los sesgos en los sistemas de IA es, por tanto, un proceso complejo y continuo que requiere diversas medidas técnicas y organizativas. Aplicando estas técnicas y creando una cultura de imparcialidad y transparencia, los desarrolladores y las organizaciones pueden garantizar que sus modelos de IA tomen decisiones justas y fiables.

Herramientas y marcos para el análisis de sesgos

Existen diversas herramientas y marcos diseñados específicamente para identificar, analizar y minimizar los sesgos en los modelos de inteligencia artificial y aprendizaje automático. Estas herramientas proporcionan a los desarrolladores los instrumentos necesarios para comprobar la imparcialidad de sus modelos y corregir posibles sesgos.

AI Equidad 360

AI Fairness 360 (AIF360) es un completo conjunto de herramientas de código abierto desarrollado por IBM para garantizar la imparcialidad a lo largo del ciclo de vida de los modelos de aprendizaje automático. Proporciona diversas métricas para analizar el sesgo y varios algoritmos para mitigarlo en las fases de preprocesamiento, procesamiento y posprocesamiento.

AIF360 incluye varias funciones y características destinadas a ayudar a los desarrolladores y científicos de datos a identificar y reducir el sesgo en sus modelos. Entre las funciones clave se incluyen varias métricas de sesgo, como Disparate Impact e Equalised Odds. Estas métricas permiten a los usuarios evaluar sistemáticamente la imparcialidad de sus modelos e identificar áreas específicas en las que puede existir injusticia.

Además, AIF360 proporciona varios algoritmos diseñados para minimizar el sesgo. Estos algoritmos pueden utilizarse en varias fases de la formación y el desarrollo de modelos. En el preprocesamiento, los datos pueden transformarse de forma que se reduzcan los sesgos existentes. Durante el procesamiento, el sesgo se aborda directamente en el proceso de formación adaptando los algoritmos para lograr predicciones más justas. Por último, en el postprocesamiento, pueden hacerse ajustes en los resultados para garantizar que las predicciones sigan siendo justas, aunque los modelos subyacentes presenten sesgos.

Otra característica importante de AIF360 es la provisión de cuadernos Jupyter interactivos y tutoriales completos. Estos recursos facilitan a los usuarios la comprensión y la integración de las diversas métricas de sesgo y algoritmos de mitigación en sus propios flujos de trabajo de aprendizaje automático. Los cuadernos ofrecen ejemplos prácticos e instrucciones paso a paso para facilitar la implementación y el uso de las herramientas de AIF360.

Dado que AIF360 se desarrolló en Python, puede integrarse perfectamente en los flujos de trabajo de aprendizaje automático existentes. Esto la convierte en una herramienta flexible y accesible para desarrolladores y científicos de datos interesados en desarrollar sistemas de IA justos y éticos. La estructura de AIF360, basada en Python, permite utilizar las herramientas y los algoritmos en distintas fases del proceso de modelización, lo que garantiza la equidad en todo momento.

En resumen, AI Fairness 360 es un valioso conjunto de herramientas para analizar y mitigar el sesgo en los modelos de aprendizaje automático. Con sus completas métricas, algoritmos y recursos de apoyo, proporciona a desarrolladores y científicos de datos las herramientas necesarias para desarrollar sistemas de IA justos y equitativos.

Indicadores de equidad

Fairness Indicators es una herramienta desarrollada por Google que ayuda a los desarrolladores a crear modelos de aprendizaje automático justos y responsables. Proporciona una forma sencilla, escalable y flexible de calcular y evaluar métricas de imparcialidad.

Esta herramienta permite evaluar las métricas de imparcialidad en diferentes grupos demográficos, lo que es especialmente importante para garantizar que los modelos de aprendizaje automático no tengan sesgos sistemáticos contra determinados grupos. Mediante el análisis y la revisión sistemáticos, los desarrolladores pueden garantizar que sus modelos toman decisiones justas, independientemente de factores como el sexo, la edad, la etnia u otras características demográficas.

Una característica clave de los Indicadores de Equidad son las herramientas de visualización que permiten a los desarrolladores crear cuadros de mando de equidad. Estos paneles ofrecen una forma intuitiva y fácil de entender de visualizar y controlar la equidad de un modelo. Mediante la visualización de las métricas de equidad, los desarrolladores y las partes interesadas pueden identificar de forma rápida y eficaz dónde puede haber desigualdades y dónde se necesitan mejoras.

Fairness Indicators está diseñado específicamente para su integración en los flujos de trabajo de TensorFlow. Se integra perfectamente con TensorFlow Extended (TFX), lo que permite a los desarrolladores integrar evaluaciones de equidad directamente en sus procesos de aprendizaje automático existentes. Esto garantiza la supervisión y mejora continuas de la equidad a lo largo del proceso de desarrollo y despliegue del modelo.

Aunque Fairness Indicators está optimizado para su integración con TensorFlow, también es compatible con otros marcos. Esto ofrece a los desarrolladores la flexibilidad de utilizar la herramienta en diferentes entornos de aprendizaje automático, independientemente de la tecnología específica que prefieran. Esta interoperabilidad garantiza que Fairness Indicators tenga una amplia aplicación y pueda contribuir a mejorar la equidad en diferentes contextos.

En resumen, los indicadores de imparcialidad de Google constituyen un valioso recurso para los desarrolladores que deseen crear modelos de aprendizaje automático justos y responsables. Con sus potentes herramientas para calcular y visualizar métricas de equidad y su perfecta integración con los flujos de trabajo de TensorFlow, garantiza que los desarrolladores puedan evaluar y mejorar sistemáticamente la equidad de sus modelos. Estas características hacen de Fairness Indicators una herramienta indispensable en el desarrollo de sistemas de IA éticos.

Fairlearn

Fairlearn es un proyecto de código abierto de Microsoft que ayuda a los desarrolladores a identificar y corregir problemas de imparcialidad en sus modelos de aprendizaje automático. Este conjunto de herramientas ofrece recursos completos para evaluar y mitigar el sesgo, lo que lo convierte en una herramienta importante para desarrollar sistemas de IA justos y éticos.

Una característica clave de Fairlearn es su métrica de equidad y sus algoritmos de mitigación de sesgos. Estas métricas permiten a los desarrolladores evaluar sistemáticamente la imparcialidad de sus modelos analizando diferentes grupos demográficos y destacando cómo los distintos grupos pueden ser tratados de forma diferente. Los algoritmos de mitigación de sesgos proporcionan técnicas específicas para reducir o eliminar los sesgos identificados. Estos algoritmos pueden aplicarse a distintas fases del entrenamiento del modelo para garantizar que los modelos resultantes sean justos y equitativos.

Otra característica importante de Fairlearn son las herramientas de visualización utilizadas para ilustrar los problemas de equidad. Estas visualizaciones permiten a los desarrolladores presentar los resultados de sus análisis de equidad de forma intuitiva y fácil de entender. Al representar gráficamente las métricas de equidad y las medidas de mitigación de sesgos, los desarrolladores y las partes interesadas pueden ver rápidamente dónde existen desigualdades y la eficacia de las medidas correctoras aplicadas. Esta transparencia visual es fundamental para generar confianza en la equidad de los modelos y tomar decisiones informadas sobre su uso.

Fairlearn es compatible con marcos de aprendizaje automático comunes como scikit-learn, lo que facilita su integración en los flujos de trabajo existentes. Esta compatibilidad garantiza que los desarrolladores puedan incorporar fácilmente el conjunto de herramientas a sus procesos existentes de aprendizaje automático. La perfecta integración permite incorporar análisis de equidad y estrategias de mitigación de sesgos directamente en el proceso de desarrollo, garantizando mejoras continuas en la equidad de los modelos.

Como Fairlearn está basado en Python, puede integrarse con flexibilidad en diversos flujos de trabajo de aprendizaje automático. Esta flexibilidad la convierte en una herramienta versátil que puede utilizarse en diferentes contextos y áreas de aplicación. Los desarrolladores pueden utilizar Fairlearn para crear nuevos modelos, así como para revisar y mejorar modelos existentes, lo que da lugar a una amplia aplicación del conjunto de herramientas.

En general, Fairlearn de Microsoft ofrece una solución completa para detectar y corregir problemas de equidad en los modelos de aprendizaje automático. Con sus potentes métricas de equidad, algoritmos de mitigación de sesgos y herramientas de visualización claras, garantiza que los desarrolladores puedan crear sistemas de IA justos y responsables. Estas características hacen de Fairlearn una herramienta indispensable en el desarrollo del aprendizaje automático moderno.

Herramienta Y si...

What-If Tool de Google es una potente herramienta que permite a los desarrolladores explorar sus modelos en profundidad y ejecutar diferentes escenarios para analizar el impacto en la equidad. Su objetivo es aumentar la transparencia y comprensibilidad de los modelos de aprendizaje automático proporcionando visualizaciones interactivas y fáciles de usar.

Una de las principales características de la herramienta Y si... son las visualizaciones interactivas para la evaluación de modelos. Estas visualizaciones permiten a los desarrolladores comprender intuitivamente cómo funcionan sus modelos y cómo reaccionan ante distintos datos de entrada. La representación gráfica de los resultados del modelo facilita la identificación y el análisis de relaciones complejas y posibles problemas de equidad. Estas visualizaciones son especialmente útiles para comparar el rendimiento de los modelos en distintos grupos demográficos y descubrir desigualdades sistemáticas.

Otra característica clave de la herramienta Y si... es la posibilidad de ejecutar escenarios hipotéticos. Los desarrolladores pueden introducir cambios hipotéticos en los datos de entrada y observar cómo afectan a las predicciones del modelo. Esta función es muy valiosa para comprender la solidez y equidad de un modelo cuando cambian determinados parámetros. Proporciona una visión en profundidad de la sensibilidad del modelo y permite identificar y abordar posibles puntos débiles y fuentes de sesgo.

La herramienta What-If es compatible con modelos desarrollados con TensorFlow y AI Platform, lo que la integra perfectamente en los ecosistemas existentes de Google. Esta compatibilidad facilita la integración de la herramienta en proyectos de aprendizaje automático existentes y la implementación de la evaluación de modelos en el proceso de desarrollo. Los desarrolladores pueden analizar sus modelos TensorFlow directamente en la herramienta What-If y visualizar los resultados en tiempo real.

Otra ventaja de la herramienta What-If es su capacidad de integración con Jupyter Notebooks y otros entornos de desarrollo. Esto permite a los desarrolladores incorporar la herramienta a sus entornos de trabajo favoritos e integrar perfectamente la evaluación y el análisis de modelos en sus flujos de trabajo existentes. La flexibilidad y facilidad de uso de la herramienta la convierten en un valioso complemento para cualquier entorno de desarrollo de aprendizaje automático.

En general, la herramienta Y si... de Google ofrece una solución completa para investigar y analizar modelos de aprendizaje automático con especial atención a la equidad. Las visualizaciones interactivas y la posibilidad de ejecutar escenarios "hipotéticos" proporcionan información detallada sobre el funcionamiento y la equidad de los modelos. La compatibilidad con TensorFlow y AI Platform, así como la capacidad de integración en Jupyter Notebooks y otros entornos de desarrollo, la convierten en una herramienta indispensable para los desarrolladores que desean desarrollar sistemas de IA justos y transparentes.

Themis-ML

Themis-ML es un conjunto de herramientas de código abierto cuyo objetivo es detectar y reducir el sesgo en los modelos de aprendizaje automático. Este conjunto de herramientas proporciona una colección completa de herramientas diseñadas específicamente para analizar y mitigar el sesgo. Themis-ML está dirigido a desarrolladores y científicos de datos que deseen crear modelos de aprendizaje automático justos y éticos.

Una característica clave de Themis-ML es su compatibilidad con diversas métricas de sesgo y técnicas de mitigación. Estas métricas de sesgo permiten a los usuarios evaluar sistemáticamente la imparcialidad de sus modelos analizando diferentes grupos demográficos e identificando desigualdades en las predicciones de los modelos. Aplicando estas métricas, los desarrolladores pueden identificar específicamente las áreas en las que sus modelos pueden ser discriminatorios.

Además de las métricas de sesgo, Themis-ML también ofrece una serie de técnicas de mitigación de sesgos. Estas técnicas pueden utilizarse en distintas fases del proceso de aprendizaje automático para garantizar que los modelos resultantes sean justos y equitativos. Las técnicas de mitigación van desde ajustes en los datos antes del entrenamiento del modelo (preprocesamiento) hasta modificaciones durante el proceso de entrenamiento (en-procesamiento) y post-procesamiento de los resultados del modelo. Aplicando estas técnicas, los desarrolladores pueden reducir o eliminar las distorsiones sistemáticas de sus modelos.

Themis-ML es compatible con el ampliamente utilizado marco de aprendizaje automático scikit-learn. Esta compatibilidad garantiza que los desarrolladores puedan integrar fácilmente Themis-ML en sus flujos de trabajo de scikit-learn existentes. La perfecta integración hace posible incorporar el análisis de sesgos y la mitigación directamente en el proceso de desarrollo sin necesidad de una amplia personalización o recursos adicionales.

Dado que Themis-ML está basado en Python, puede integrarse de forma flexible y sencilla en diversos entornos de aprendizaje automático. Esta flexibilidad la convierte en una herramienta versátil que puede utilizarse en diferentes contextos y áreas de aplicación. Los desarrolladores pueden utilizar Themis-ML para crear nuevos modelos, así como para revisar y mejorar los modelos existentes, lo que garantiza una amplia aplicación del conjunto de herramientas.

En general, Themis-ML proporciona una solución completa para detectar y mitigar el sesgo en los modelos de aprendizaje automático. Gracias a su compatibilidad con varias métricas de sesgo y técnicas de mitigación, así como con scikit-learn, garantiza que los desarrolladores puedan crear sistemas de IA justos y responsables. Su estructura basada en Python y su fácil integración en los flujos de trabajo existentes hacen de Themis-ML una herramienta indispensable en el desarrollo moderno de aprendizaje automático.

LIME (Explicaciones agnósticas del modelo interpretable local)

LIME (Local Interpretable Model-agnostic Explanations) es una herramienta de interpretación de modelos que ayuda a los desarrolladores a comprender mejor los procesos de toma de decisiones de sus modelos de aprendizaje automático. Proporciona un análisis en profundidad de las decisiones del modelo mostrando qué características influyen en las decisiones. También puede ayudar a identificar y analizar los sesgos.

Una característica clave de LIME es su capacidad para explicar las decisiones de modelización mediante modelos localmente interpretables. LIME aproxima las predicciones de un modelo complejo a modelos más sencillos e interpretables. Estos modelos locales proporcionan una representación comprensible que permite a los desarrolladores ver qué características de un contexto determinado (es decir, cerca de un punto de datos concreto) influyen más en la predicción del modelo. Esta interpretación local permite a los desarrolladores comprender cómo funciona el modelo en casos concretos, lo que aumenta la transparencia y la confianza en las predicciones del modelo.

Otra ventaja de LIME es su compatibilidad con distintos tipos de modelos y datos. Es agnóstico en cuanto a modelos, lo que significa que es compatible con diversos tipos de modelos, como árboles de decisión, redes neuronales y máquinas de vectores soporte. LIME también puede trabajar con distintos tipos de datos, ya sean datos estructurados, datos de texto o datos de imagen. Esta versatilidad convierte a LIME en una herramienta extremadamente útil en diversas aplicaciones de aprendizaje automático.

LIME está basado en Python y se ha generalizado su uso en la comunidad del aprendizaje automático. La implementación de Python facilita la integración en los flujos de trabajo de aprendizaje automático existentes y permite un manejo y una aplicación sencillos. Los desarrolladores pueden incorporar LIME a sus análisis para comprobar la lógica de decisión de sus modelos e identificar posibles sesgos. La completa documentación y los numerosos ejemplos de la comunidad ayudan a los usuarios a utilizar LIME de forma eficaz y a beneficiarse de la experiencia de otros.

En resumen, LIME proporciona un método valioso para interpretar las decisiones de los modelos y detectar sesgos. La capacidad de explicar predicciones de modelos complejos mediante modelos localmente interpretables permite a los desarrolladores comprender mejor cómo funcionan sus modelos. La compatibilidad con distintos tipos de modelos y conjuntos de datos, así como su uso generalizado en la comunidad de aprendizaje automático basado en Python, hacen de LIME una herramienta indispensable para desarrollar sistemas de IA transparentes y justos.

SHAP (SHapley Additive exPlanations)

SHAP (SHapley Additive exPlanations) es una herramienta avanzada de interpretación de modelos basada en los valores de Shapley. Ayuda a los desarrolladores a comprender la contribución de las características individuales a las decisiones del modelo. SHAP utiliza conceptos de la teoría de juegos para garantizar una asignación justa y coherente de la influencia de las características en las predicciones del modelo.

Una característica central de SHAP es el cálculo de los valores de Shapley para explicar las predicciones de los modelos. Los valores de Shapley proporcionan un método matemáticamente sólido para cuantificar la influencia de cada característica en la predicción de un modelo. Estos valores son especialmente útiles, ya que no sólo representan la contribución de cada característica a la predicción, sino que también garantizan que la suma de los valores de Shapley de todas las características refleje correctamente la diferencia entre la predicción y el valor medio de las predicciones. Esto permite una distribución equitativa de los factores influyentes y ayuda a los desarrolladores a comprender cómo y por qué un modelo toma determinadas decisiones.

Además, SHAP ofrece potentes herramientas de visualización que facilitan la interpretación de los resultados. Las visualizaciones incluyen Gráficos de resumen,

Gráficos de dependencia, Gráficos de fuerza y Gráficos de interacción. Estas representaciones gráficas ayudan a comprender intuitivamente la influencia de las características en las predicciones del modelo y a reconocer relaciones complejas entre las características y las decisiones del modelo. Los gráficos de fuerza, en particular, ofrecen una visión detallada que muestra cómo las características individuales se suman a una predicción específica.

SHAP está basado en Python y es compatible con muchos marcos de aprendizaje automático populares, como scikit-learn, XGBoost, LightGBM, Keras y TensorFlow. Esta compatibilidad facilita la integración de SHAP en los flujos de trabajo de aprendizaje automático existentes y permite a los desarrolladores integrar sin problemas la interpretación de modelos en su proceso de desarrollo. La amplia compatibilidad con diversos marcos de trabajo convierte a SHAP en una herramienta versátil y flexible que puede utilizarse en una gran variedad de escenarios de aplicación.

En resumen, SHAP ofrece un método preciso y coherente de interpretación de modelos mediante el cálculo de los valores de Shapley. Las herramientas de visualización de SHAP ayudan a los desarrolladores a interpretar los resultados de estos cálculos de forma comprensible e intuitiva. Gracias a su estructura basada en Python y a su amplia compatibilidad con diversos marcos de aprendizaje automático, SHAP es una herramienta indispensable para crear modelos de aprendizaje automático transparentes y comprensibles. El uso de SHAP ayuda a los desarrolladores a comprender mejor la toma de decisiones de sus modelos y a garantizar que estos sean justos y responsables.

DEon (Hojas de datos para conjuntos de datos)

DEon es una herramienta desarrollada por Partnership on AI para ayudar a los desarrolladores a crear una documentación sistemática de sus conjuntos de datos. Estas denominadas "hojas de datos" proporcionan un método estructurado para capturar y visualizar información importante sobre los conjuntos de datos, lo que constituye un paso crucial para identificar y evitar sesgos.

Una característica clave de DEon es la provisión de plantillas y directrices para la creación de hojas de datos. Estas plantillas ayudan a los desarrolladores a documentar todos los aspectos relevantes de un conjunto de datos, incluido el origen de los datos, los métodos utilizados para procesarlos y cualquier sesgo conocido. Al documentar sistemáticamente esta información, los desarrolladores pueden obtener un conocimiento más profundo de sus conjuntos de datos e identificar y abordar posibles fuentes de sesgo en una fase temprana.

DEon permite documentar el origen de los conjuntos de datos, los métodos de procesamiento y los sesgos conocidos. Esto es especialmente importante, ya que crea transparencia y permite una trazabilidad detallada. Al registrar con precisión el origen y el procesamiento de los datos, los desarrolladores pueden entender mejor cómo y por qué han surgido ciertos sesgos y tomar medidas específicas para minimizarlos.

La aplicación DEon puede integrarse perfectamente en el proceso de gestión de datos. Esto permite a los desarrolladores establecer la creación y el mantenimiento de hojas de datos como parte integrante de su flujo de trabajo, garantizando un seguimiento y una documentación continuos de los conjuntos de datos.

El uso eficaz de herramientas y marcos para garantizar la equidad y la transparencia en los modelos de aprendizaje automático requiere la integración en los flujos de trabajo de aprendizaje automático existentes. Un proceso típico podría ser el siguiente:

- Preparación de los datos: antes de elaborar el modelo, se comprueba el sesgo del conjunto de datos con herramientas como AIF360 o Fairlearn. Se utilizan técnicas de preprocesamiento para limpiar y ajustar los datos con el fin de minimizar los sesgos. DEon se utiliza para crear hojas de datos completas que documenten el origen, el procesamiento y los sesgos conocidos de los datos.
- Formación de modelos: durante la formación, se utilizan técnicas de procesamiento interno para reducir el sesgo. Esto podría incluir la aplicación de restricciones de imparcialidad o el uso de redes adversariales destinadas a desarrollar modelos justos y equilibrados.

- Evaluación del modelo: Tras la formación, el modelo se evalúa utilizando herramientas como la herramienta Y si... (WIT), los indicadores de imparcialidad o SHAP para garantizar que es justo e imparcial. Estas herramientas proporcionan información detallada sobre las decisiones de modelización y ayudan a identificar y abordar posibles fuentes de sesgo.
- Supervisión periódica: Una vez implantado el modelo, el rendimiento se supervisa continuamente y se revisa con regularidad utilizando las herramientas antes mencionadas para garantizar que no se produzcan nuevos sesgos. Esta supervisión periódica es crucial para garantizar que el modelo siga siendo justo incluso en condiciones cambiantes.

Al integrar estas herramientas y marcos en el proceso general de aprendizaje automático, los desarrolladores pueden garantizar que sus modelos sean justos, transparentes y responsables. La aplicación sistemática de estos métodos contribuye a generar confianza en los sistemas de IA y a elevar los estándares éticos en el desarrollo del aprendizaje automático.

Aplicando estas herramientas y técnicas, los desarrolladores pueden garantizar que sus sistemas de IA sean justos, transparentes y dignos de confianza. Esto es crucial para ganarse la confianza de los usuarios y promover la aceptación a largo plazo de las tecnologías de IA en la sociedad.

Transparencia en algoritmos y modelos

La transparencia de los algoritmos y modelos es un factor decisivo para fomentar la confianza en la inteligencia artificial y el aprendizaje automático. Transparencia significa que el funcionamiento de los algoritmos y los procesos de toma de decisiones de los modelos sean comprensibles y comprensibles para los desarrolladores, los usuarios y los afectados. Esto requiere una combinación de medidas técnicas, buenas prácticas y estrategias organizativas. He aquí algunas técnicas para fomentar la transparencia en algoritmos y modelos.

IA explicable (XAI)

El objetivo de la IA explicable es hacer comprensibles los procesos de toma de decisiones de los modelos de IA. Esto incluye el desarrollo de modelos y algoritmos que puedan explicar sus decisiones de forma comprensible para los humanos. Los métodos de la IA explicable son

La explicación de los modelos en el aprendizaje automático es de crucial importancia para aumentar la confianza y la aceptación de estas tecnologías en diversas aplicaciones. A continuación, se describen y comparan con más detalle los métodos LIME, SHAP, así como los métodos internos al modelo y los mapas de modelos.

LIME (Explicaciones agnósticas del modelo interpretable local)

LIME es una técnica que pretende hacer comprensibles las predicciones de modelos arbitrarios creando modelos locales interpretables que imitan las decisiones de un modelo complejo cerca de un punto de datos concreto. LIME funciona generando conjuntos de datos ligeramente alterados y observando los efectos de estos cambios en las predicciones del modelo. Al ajustar un modelo sencillo e interpretado, como una regresión lineal, a estos conjuntos de datos modificados, LIME puede mostrar cómo contribuye cada característica a la predicción. De este modo se obtiene una visión detallada de los procesos de toma de decisiones del modelo a nivel local.

SHAP (SHapley Additive exPlanations)

Los valores SHAP se basan en los principios de la teoría de juegos y proporcionan un método coherente para asignar valores de influencia a cada característica en la predicción del modelo. Los valores SHAP cuantifican la contribución de cada característica a la diferencia entre la predicción real y una predicción de referencia analizando los efectos de todas las combinaciones posibles de características. Esta propiedad aditiva del SHAP permite una explicación completa y transparente de las predicciones del modelo, ya que muestra claramente la contribución de cada característica al resultado global del modelo.

Métodos internos al modelo

Modelos transparentes

Los modelos sencillos, como los árboles de decisión, los modelos de regresión lineal y los sistemas basados en reglas, son intrínsecamente más comprensibles y transparentes que los modelos complejos, como las redes neuronales profundas. Estos modelos intrínsecamente transparentes ofrecen una interpretación clara e intuitiva de las relaciones entre los datos de entrada y las predicciones. Los árboles de decisión, por ejemplo, visualizan las vías de decisión que sigue el modelo para llegar a una predicción concreta, lo que permite una explicación fácil de entender de la lógica del modelo.

Mecanismos de atención

En las redes neuronales, especialmente en modelos secuenciales como las RNN o los transformadores, pueden utilizarse mecanismos de atención para destacar las partes relevantes de los datos de entrada que contribuyen a la predicción. Estos mecanismos ponderan diferentes partes de la secuencia de entrada en función de su relevancia para la predicción actual. Esto permite visualizar el enfoque del modelo en puntos de datos específicos y comprender qué partes de la entrada contribuyen más a la salida.

Documentación y comunicación

Las Fichas de Modelo, desarrolladas por Google AI, proporcionan documentación estandarizada para los modelos de ML. Contienen información exhaustiva sobre el desarrollo, el alcance, las métricas de rendimiento y las limitaciones conocidas de un modelo. El objetivo de esta documentación es fomentar la transparencia y ayudar a los usuarios a comprender los puntos fuertes y débiles de un modelo. Al proporcionar información estructurada y detallada, las fichas de los modelos apoyan el uso responsable y la confianza en los modelos de ML al aportar claridad sobre su funcionalidad y sus limitaciones de aplicación.

La selección del método adecuado para explicar los modelos de ML depende en gran medida del caso de uso y de los requisitos específicos. LIME y SHAP ofrecen enfoques flexibles e independientes del modelo para hacer comprensibles las predicciones de modelos complejos. Por otro lado, los métodos internos al modelo, como los modelos transparentes y los mecanismos de atención, ofrecen una comprensibilidad y trazabilidad naturales. Los mapas de modelos complementan estos enfoques técnicos con una documentación exhaustiva y fomentan así la transparencia y la confianza en los modelos de ML.

Cada uno de estos métodos tiene sus propios puntos fuertes y, en función del contexto y los requisitos, resulta más adecuado para mejorar la explicabilidad de los modelos y aumentar así su aceptación y fiabilidad.

Hojas de datos para conjuntos de datos

La transparencia de los algoritmos y modelos es esencial para reforzar la confianza en los sistemas de IA. El uso de métodos de IA explicables, la documentación exhaustiva, el uso de herramientas de imparcialidad, las medidas técnicas y las estrategias organizativas son cruciales para garantizar que los modelos de IA sean transparentes, justos y responsables. Estas medidas ayudan a promover la aceptación y la confianza en las tecnologías de IA y a aprovechar todo su potencial en beneficio de la sociedad.

Las hojas de datos para conjuntos de datos, desarrolladas por la Asociación sobre IA, se utilizan para la documentación sistemática de los conjuntos de datos. Contienen información sobre el origen de los datos, los métodos de recopilación, los pasos de procesamiento y los sesgos conocidos. Esta transparencia en las fuentes de datos es crucial para la evaluación de la calidad de los modelos.

AI Fairness 360 (AIF360) proporciona una variedad de métricas para el análisis de sesgos y algoritmos para mitigarlos. Utilizando estas herramientas, los desarrolladores pueden garantizar que sus modelos son justos e imparciales. Los resultados de estos análisis deben documentarse y comunicarse con transparencia. Fairlearn, desarrollado por Microsoft, también ofrece herramientas para evaluar y minimizar el sesgo en los modelos de aprendizaje automático. Permite analizar y visualizar métricas de imparcialidad, lo que contribuye a la transparencia de las decisiones de los modelos.

Las pistas de auditoría registran todas las decisiones y procesos que tienen lugar durante el desarrollo y el funcionamiento de un modelo de IA. Estos registros pueden utilizarse para comprender cómo y por qué se tomaron determinadas decisiones, lo que contribuye a la transparencia y la rendición de cuentas. Los desarrolladores también deben revelar la arquitectura del modelo y los hiperparámetros utilizados. Esto permite a otros comprender mejor la estructura y funcionalidad del modelo. Al publicar el código fuente y los algoritmos, los desarrolladores pueden aumentar la transparencia de sus modelos. Los proyectos de código abierto permiten a la comunidad revisar, validar y mejorar los algoritmos.

Los equipos interdisciplinares que combinan conocimientos de distintas áreas, como la ciencia de datos, la ética, el derecho y el conocimiento del dominio, pueden ofrecer una perspectiva más amplia sobre el desarrollo y el uso de modelos de IA. Esta diversidad fomenta la transparencia y la comprensión de los modelos. Las organizaciones deben ofrecer formación periódica y programas de sensibilización para educar a los empleados sobre la importancia de la transparencia, la equidad y la responsabilidad en los sistemas de IA. Las organizaciones deben desarrollar y aplicar políticas éticas y programas de cumplimiento que promuevan los principios de transparencia y equidad en el desarrollo y uso de la IA.

Esto incluye la creación de comités de ética para supervisar el cumplimiento de estas directrices.

La transparencia en algoritmos y modelos puede lograrse combinando estos distintos enfoques y medidas. Los desarrolladores y las organizaciones deben esforzarse continuamente por mejorar sus prácticas e integrar los principios de transparencia e imparcialidad en sus procesos. Sólo mediante estos esfuerzos integrales podrá aprovecharse todo el potencial de las tecnologías de IA de forma responsable y en beneficio de la sociedad.

La importancia de la transparencia para la confianza

La transparencia en el desarrollo y uso de la inteligencia artificial tiene una importancia fundamental para la confianza en estas tecnologías. La confianza en los sistemas de IA no surge por sí sola; debe construirse a través de medidas cuidadosas y deliberadas que garanticen que los procesos, algoritmos y mecanismos de toma de decisiones de la IA sean claros y comprensibles para todas las partes interesadas. La transparencia desempeña un papel decisivo en este sentido al crear la base para la confianza y la aceptación.

Cuando los usuarios, los desarrolladores y el público en general no entienden cómo funcionan los sistemas de IA, surge un escepticismo natural. Este escepticismo suele ser el resultado de la incertidumbre y la ignorancia sobre cómo toman decisiones los modelos de IA. Sin una comprensión clara de los mecanismos y la lógica subyacentes, persiste una cierta imprevisibilidad que mina la confianza. La transparencia contribuye a colmar esta laguna, ya que permite conocer el funcionamiento interno de la IA. Cuando los procesos son abiertos y las decisiones explicables, los usuarios se sienten más seguros y confían más en la tecnología.

Un aspecto clave de la transparencia es la explicabilidad de las decisiones de la IA. La IA explicable (XAI) pretende hacer comprensible el proceso de toma de decisiones de los modelos. Esto significa que los modelos no sólo ofrecen resultados, sino que también dejan claro por qué y cómo se han logrado esos resultados. Si los usuarios entienden las razones que hay detrás de una decisión, pueden evaluar mejor la corrección y adecuación de esa decisión. Esto es especialmente importante en ámbitos sensibles como la sanidad, la justicia o las finanzas, donde el impacto de las decisiones de la IA puede afectar directamente a la vida y el bienestar de las personas.

La transparencia también fomenta la responsabilidad. Cuando los procesos y decisiones de los sistemas de IA son abiertos, los desarrolladores y operadores pueden rendir cuentas. Esto crea un mecanismo de revisión y escrutinio que garantiza que los sistemas funcionan de acuerdo con normas éticas y legales. La posibilidad de que partes independientes revisen y auditen las decisiones de la IA refuerza la confianza en la integridad e imparcialidad de los sistemas. Sin esta posibilidad, las decisiones erróneas y los sesgos podrían pasar desapercibidos, lo que mermaría considerablemente la confianza.

La divulgación de las arquitecturas de los modelos, los algoritmos y los conjuntos de datos es otro componente importante de la transparencia. Cuando los desarrolladores divulgan sus modelos y las fuentes de datos utilizadas, permiten una revisión y evaluación exhaustivas por parte de la comunidad científica y otras partes interesadas. Esto no sólo fomenta la confianza, sino que también contribuye a la mejora continua y al desarrollo ulterior de la tecnología. Los modelos y datos abiertos permiten a otros identificar errores y puntos débiles y hacer sugerencias para su optimización. Este enfoque colaborativo refuerza la solidez y fiabilidad de los sistemas de IA.

La transparencia también desempeña un papel crucial en la percepción de la equidad. Si los usuarios y las partes afectadas entienden cómo se toman las decisiones y qué datos se utilizan, pueden evaluar mejor si los procesos son justos e imparciales. Esto es especialmente importante en contextos en los que los datos pueden contener prejuicios históricos y discriminación. Al revelar los procesos de tratamiento de datos y de toma de decisiones, los desarrolladores pueden garantizar que sus sistemas son justos e integradores. La transparencia también permite reconocer y abordar los sesgos en una fase temprana, antes de que influyan en las decisiones de modelización.

Otro aspecto de la transparencia es la comunicación y documentación claras de las limitaciones e incertidumbres de los sistemas de IA. Ningún modelo es perfecto, y es importante que las limitaciones e incertidumbres de la tecnología se comuniquen abiertamente. Cuando los usuarios conocen las áreas en las que la IA puede ser imprecisa o incierta, pueden tomar decisiones más informadas sobre cómo utilizar e interpretar los resultados. Esta comunicación honesta contribuye en gran medida a evitar expectativas poco realistas y a aumentar la confianza en la tecnología.

Por último, la transparencia también contribuye a la aceptación ética de la IA. En un mundo en el que las consideraciones éticas son cada vez más importantes, la presentación transparente de los fundamentos y principios éticos según los cuales se desarrollan y operan los sistemas de IA es crucial. Esto incluye la divulgación de directrices éticas, el cumplimiento de la normativa sobre protección de datos y la garantía de que los sistemas promueven el bienestar de los usuarios y de la sociedad en su conjunto. La transparencia en estos ámbitos demuestra que los desarrolladores y operadores asumen su responsabilidad y se toman en serio el impacto de su tecnología en la sociedad.

Aplicación de protocolos de seguridad

La aplicación de protocolos de seguridad en los sistemas de Inteligencia Artificial (IA) es esencial para garantizar su integridad, confidencialidad y disponibilidad. Los protocolos de seguridad protegen los sistemas de IA de diversas amenazas, como los ciberataques, la manipulación de datos y el acceso no autorizado. Los siguientes aspectos y estrategias ofrecen un enfoque global para aplicar protocolos de seguridad eficaces.

Seguridad y protección de datos

Cifrar los datos, tanto en reposo como en tránsito, es una medida de seguridad fundamental. Así se impide el acceso no autorizado y se protege la información sensible de robos y usos indebidos. Los métodos de cifrado simétrico y asimétrico, como AES y RSA, ofrecen mecanismos de protección sólidos. Un estricto control de acceso garantiza que sólo los usuarios autorizados puedan acceder a los datos y al sistema de IA. Esto incluye la implementación de autenticación multifactor (MFA), control de acceso basado en roles (RBAC) y autorizaciones de grano fino. La AMF aumenta la seguridad al requerir factores de autenticación adicionales, como la biometría o las contraseñas de un solo uso.

Modelo e integridad del sistema

Las auditorías de seguridad y las pruebas de penetración periódicas son fundamentales para detectar y corregir las vulnerabilidades de los sistemas de IA. Estas pruebas deben ser realizadas por expertos en seguridad independientes para garantizar que se reconocen y mitigan los posibles vectores de ataque. Los sistemas de control de versiones (como Git) y las pistas de auditoría detalladas ayudan a rastrear los cambios en los modelos y la arquitectura del sistema. Esto facilita la identificación de cambios y posibles vulnerabilidades introducidas por actualizaciones de software o personalizaciones de modelos.

Protección contra ataques de adversarios

Los modelos de IA deben probarse contra ataques adversarios en los que se utilizan entradas maliciosas para manipular el modelo. Técnicas como el entrenamiento adversario, en el que el modelo se entrena con datos perturbados intencionadamente, pueden aumentar la robustez frente a tales ataques. Los sistemas de detección de anomalías pueden identificar actividades o entradas inusuales que podrían indicar un ataque. Al supervisar los flujos de datos de entrada y las predicciones del modelo, se pueden reconocer a tiempo los patrones sospechosos y tomar las medidas adecuadas.

Prácticas de desarrollo seguras

La integración de consideraciones de seguridad en todo el ciclo de desarrollo es crucial. El ciclo de vida del desarrollo de software seguro (SDLC) abarca la planificación, el desarrollo, las pruebas, la implantación y el mantenimiento de los sistemas de IA teniendo en cuenta los requisitos de seguridad. Las pruebas de seguridad y la modelización de amenazas deben realizarse en todas las fases del SDLC. Las revisiones periódicas del código y los análisis estáticos del mismo ayudan a identificar las lagunas y vulnerabilidades de seguridad en el código fuente. Herramientas automatizadas como SonarQube o

Checkmarx pueden ayudar a detectar problemas de seguridad.

Protección de datos y cumplimiento de la normativa

El cumplimiento de las leyes y directrices de protección de datos, como el Reglamento General de Protección de Datos (RGPD) de la UE o la Ley de Privacidad del Consumidor de California (CCPA), es esencial. Esto incluye la aplicación de medidas de protección de datos como la minimización de datos, la limitación de la finalidad y los derechos de los interesados. Las técnicas de anonimización y seudonimización de datos personales protegen la privacidad de los usuarios. Esto reduce el riesgo de que la información sensible se vea comprometida si se produce una fuga de datos.

Supervisión continua y respuesta a incidentes

La supervisión continua de los sistemas para detectar incidentes de seguridad es esencial. Los sistemas de gestión de eventos e información de seguridad (SIEM) agregan y analizan los eventos de seguridad en tiempo real para identificar rápidamente las amenazas. Un plan de respuesta a incidentes claramente definido garantiza que el equipo esté preparado para los incidentes de seguridad. Este plan debe incluir procesos de reconocimiento, evaluación, contención y resolución de incidentes de seguridad, así como de comunicación con las partes interesadas.

Formación y sensibilización

Los programas regulares de formación y concienciación de los empleados fomentan el conocimiento de los riesgos de seguridad y las mejores prácticas. La formación debe centrarse en temas como la suplantación de identidad, las prácticas de contraseñas seguras y el reconocimiento de incidentes de seguridad. Promover una cultura de seguridad dentro de la organización es crucial. Hay que animar a los empleados a que informen de posibles problemas de seguridad y contribuyan activamente a la seguridad de los sistemas.

La aplicación de protocolos de seguridad en los sistemas de IA es un proceso continuo y de varios niveles que implica medidas tecnológicas, buenas prácticas y estrategias organizativas. Al garantizar la seguridad de los datos, la integridad de los modelos, la protección contra ataques de adversarios, el cumplimiento de prácticas de desarrollo seguras, la protección de datos y la supervisión continua, los desarrolladores y las organizaciones pueden crear sistemas de IA sólidos y fiables. Estas medidas contribuyen a reforzar la confianza en las tecnologías de IA y fomentan su uso seguro y responsable.

Perspectivas de futuro

Evolución actual de la investigación en IA sobre prevención de errores

Las perspectivas de futuro de la inteligencia artificial están estrechamente ligadas a los continuos avances en investigación y desarrollo, sobre todo en el ámbito de la minimización de errores y la mejora de la fiabilidad y equidad de los sistemas de IA. Los siguientes avances y tendencias muestran cómo la investigación en IA pretende minimizar los errores y aumentar el rendimiento y la fiabilidad de las tecnologías de IA.

Mejorar la explicabilidad y la transparencia

La mejora de la explicabilidad y transparencia de los modelos de Inteligencia Artificial es uno de los ejes centrales de la investigación futura en este campo. La IA explicable (XAI) es cada vez más importante para superar la naturaleza de "caja negra" de muchos sistemas de IA. Los nuevos enfoques y tecnologías pretenden hacer más comprensibles los procesos de toma de decisiones de los modelos de IA. Esto incluye el desarrollo de métodos para visualizar las vías de decisión, la provisión de explicaciones detalladas para predicciones individuales y la implementación de modelos que sean intrínsecamente comprensibles.

Integración de los aspectos éticos y jurídicos

El cumplimiento de las normas éticas y jurídicas es cada vez más importante en la investigación de la IA. En el futuro, el objetivo será diseñar sistemas de IA que no sólo cumplan los requisitos técnicos, sino que también tengan en cuenta consideraciones éticas. Esto incluye integrar métricas de equidad, garantizar la protección de datos y tener en cuenta directrices éticas a la hora de desarrollar e implantar sistemas de IA. La investigación se centra en el desarrollo de algoritmos que no discriminen y respeten los derechos y la privacidad de los usuarios.

Avances en robustez y seguridad

La robustez de los sistemas de IA frente a ataques de adversarios y entradas imprevistas es otro importante campo de investigación. Se están desarrollando nuevas técnicas en el ámbito de la formación de adversarios y las comprobaciones de seguridad para que los modelos sean más resistentes a la manipulación y los ataques. La supervisión y adaptación continuas de los modelos y la aplicación de mecanismos de detección de anomalías contribuyen a aumentar la seguridad y fiabilidad de los sistemas de IA.

Desarrollo de modelos híbridos

Los modelos híbridos que combinan distintas técnicas de IA son un enfoque prometedor para evitar errores.

Estos modelos aprovechan los puntos fuertes de los distintos métodos para compensar los puntos débiles de cada uno de ellos. Por ejemplo, los modelos híbridos pueden combinar redes neuronales con sistemas basados en reglas o métodos estadísticos para lograr predicciones más sólidas y precisas. La investigación en este campo pretende integrar las mejores características de las distintas técnicas y desarrollar modelos más versátiles y fiables.

Aprendizaje automático (AutoML)

Las técnicas AutoML automatizan muchos de los pasos del proceso de aprendizaje automático, como la selección de modelos, la optimización de hiperparámetros y la ingeniería de características. Estas tecnologías contribuyen a minimizar los errores humanos y a aumentar la eficacia del desarrollo de modelos. Los futuros desarrollos de AutoML irán encaminados a optimizar aún más todo el flujo de trabajo del aprendizaje automático y a reducir las barreras que dificultan el uso de la IA. La automatización de procesos complejos permite crear modelos más precisos y sólidos con mayor rapidez y menos esfuerzo.

Uso del aprendizaje federado

El aprendizaje federado es un enfoque que permite entrenar modelos de IA en fuentes de datos distribuidas sin tener que centralizar los datos. Esto mejora la protección y la seguridad de los datos, ya que no es necesario transferir o compartir datos sensibles. El aprendizaje federado también ayuda a aumentar la generalizabilidad de los modelos al hacer posible el entrenamiento en conjuntos de datos diversos y descentralizados. Los futuros avances en este campo tendrán como objetivo mejorar la eficiencia y escalabilidad del aprendizaje federado y permitir nuevas aplicaciones.

Mejores algoritmos de detección de sesgos y equidad

La detección y corrección de sesgos en los modelos de IA sigue siendo un área clave de investigación. Se están desarrollando nuevos algoritmos y técnicas de detección y mitigación de sesgos para garantizar que los sistemas de IA sean justos e imparciales. Estas técnicas incluyen métodos de preprocesamiento para limpiar los datos de entrenamiento, así como métodos de procesamiento y postprocesamiento para ajustar los modelos y sus predicciones. El desarrollo continuo de estas tecnologías ayudará a garantizar la imparcialidad y equidad de los sistemas de IA.

Uso de la informática cuántica

La computación cuántica puede aumentar considerablemente el rendimiento de los sistemas de inteligencia artificial. Los ordenadores cuánticos pueden resolver cálculos complejos y problemas de optimización mucho más rápido que los ordenadores convencionales. La investigación en el campo del aprendizaje automático cuántico estudia cómo pueden utilizarse los algoritmos cuánticos para mejorar los procesos de formación y resolver problemas hasta ahora insolubles. Los desarrollos futuros en este campo podrían suponer avances significativos en la eficacia y precisión de los modelos de IA.

Ampliación de la cooperación interdisciplinar

La investigación futura sobre IA será cada vez más interdisciplinar e implicará a expertos de diversos campos, como la informática, la ética, el derecho, la sociología y la economía. Esta colaboración permitirá elaborar planteamientos más globales y holísticos del desarrollo y la aplicación de los sistemas de IA. Los equipos interdisciplinarios pueden aportar diferentes perspectivas y conocimientos para garantizar que las tecnologías de IA se utilicen de forma responsable y en beneficio de la sociedad.

El futuro de la investigación de la IA en materia de prevención de errores se caracteriza por una variedad de avances y enfoques apasionantes. Desde la mejora de la explicabilidad y la transparencia hasta la integración de aspectos éticos y jurídicos y el aumento de la solidez y la seguridad, el desarrollo continuo de las tecnologías de IA tiene como objetivo garantizar la fiabilidad, equidad y fiabilidad de los sistemas de IA. Utilizando nuevas técnicas como los modelos híbridos, AutoML, el aprendizaje federado y la computación cuántica, y fomentando la colaboración interdisciplinar, la investigación en IA seguirá desarrollando soluciones innovadoras para prevenir errores y mejorar el rendimiento. Estos avances serán decisivos para aprovechar todo el potencial de las tecnologías de IA y promover su uso sostenible y responsable en la sociedad.

Nuevos enfoques en el tratamiento y modelización de datos

El rápido desarrollo de la inteligencia artificial y el aprendizaje automático ha dado lugar a una serie de nuevos enfoques en el tratamiento y modelización de datos. Estos nuevos métodos pretenden mejorar la eficacia, precisión y solidez de los sistemas de IA. He aquí algunos de los enfoques más innovadores que se están desarrollando y utilizando actualmente en la investigación y la práctica.

Aprendizaje por transferencia

El aprendizaje por transferencia es un enfoque en el que un modelo que ya se ha entrenado previamente con una gran cantidad de datos se transfiere a una tarea específica, a menudo más pequeña. Esto permite entrenar modelos más rápida y eficazmente con menos datos, pues el modelo ya ha aprendido las características y estructuras básicas. El aprendizaje por transferencia es especialmente útil en ámbitos en los que escasean los datos etiquetados, como el tratamiento de imágenes médicas.

Aprendizaje auto supervisado

El aprendizaje autosupervisado es un enfoque emergente en el que los modelos aprenden a partir de datos no etiquetados supervisándose a sí mismos sobre el contexto de los datos. Esto puede lograrse mediante tareas como predecir las partes que faltan en una imagen o la siguiente palabra de un texto. El aprendizaje autosupervisado reduce la dependencia de grandes conjuntos de datos etiquetados y permite utilizar las enormes cantidades de datos no etiquetados disponibles.

Aprendizaje con pocos disparos

El objetivo del aprendizaje de pocos ejemplos es desarrollar modelos capaces de aprender a partir de unos pocos ejemplos. Esto resulta especialmente útil en situaciones en las que sólo se dispone de unos pocos puntos de datos etiquetados. Técnicas como el metaaprendizaje, en el que el modelo aprende a medida que usted aprende, son fundamentales en este enfoque. El aprendizaje a partir de pocos ejemplos permite adaptar e implantar rápidamente sistemas de IA en nuevos ámbitos.

Modelos generativos

Los modelos generativos, como las redes generativas adversariales (GAN) y los autocodificadores variacionales (VAE), son capaces de generar nuevos puntos de datos similares a los datos de entrenamiento. Estos modelos se utilizan en diversas aplicaciones, desde la generación de imágenes a la síntesis de datos, y ayudan a mejorar la disponibilidad y la calidad de los datos. Son especialmente útiles para aumentar los datos y entrenar modelos en entornos con pocos datos.

Redes neuronales gráficas (GNN)

Las redes neuronales gráficas son modelos especializados diseñados para trabajar con datos que pueden representarse como grafos. Esto es especialmente útil para datos con relaciones complejas, como redes sociales, estructuras moleculares o redes de tráfico. Las GNN pueden modelar directamente la topología de los datos y hacer así predicciones más precisas e intuitivas.

Aprendizaje por refuerzo (RL)

El aprendizaje por refuerzo, especialmente el aprendizaje por refuerzo profundo, ha alcanzado un éxito notable en ámbitos como los juegos, la robótica y la conducción autónoma. Los modelos de RL aprenden interactuando con su entorno y reciben recompensas o penalizaciones por determinadas acciones. Este método es especialmente eficaz para problemas que implican decisiones secuenciales y optimización a largo plazo.

IA explicable (XAI)

La IA explicable pretende hacer más comprensibles los procesos de toma de decisiones de los modelos de IA. Los nuevos enfoques de la IA explicable incluyen técnicas como SHAP (SHapley Additive exPlanations) y LIME (Local Interpretable Model-agnostic Explanations), que ayudan a explicar las contribuciones de las características individuales a las predicciones de un modelo. La XAI es especialmente importante para aplicaciones en ámbitos regulados, donde la transparencia y la trazabilidad son cruciales.

Métodos bayesianos

Los métodos bayesianos integran las incertidumbres en las predicciones del modelo, lo que conduce a resultados más sólidos y fiables. Estos métodos son especialmente útiles en ámbitos en los que la incertidumbre y la variabilidad desempeñan un papel importante, como la medicina o las previsiones financieras. Las redes bayesianas y los procesos gaussianos son ejemplos de estos enfoques.

Inteligencia Artificial Edge

La IA de borde se refiere a la ejecución de modelos de IA directamente en dispositivos situados en el borde de la red, como smartphones, dispositivos IoT y sensores. Esto reduce la latencia y la necesidad de transferir datos a servidores centralizados, lo que aumenta la eficiencia y la seguridad. Los nuevos avances en la compresión de modelos y la aceleración optimizada del hardware están haciendo que la IA Edge sea cada vez más práctica y potente.

Modelos multimodales

Los modelos multimodales combinan datos de distintas fuentes, como texto, imágenes y audio, para hacer predicciones más completas y precisas. Estos modelos son especialmente útiles para aplicaciones complejas, como los vehículos autónomos, que utilizan simultáneamente datos visuales, auditivos y sensoriales. La integración de distintas modalidades de datos permite desarrollar modelos más ricos y conscientes del contexto.

Aprendizaje continuo

El aprendizaje continuo (o aprendizaje a lo largo de toda la vida) es un enfoque en el que los modelos de IA aprenden continuamente a partir de nuevos datos sin olvidar lo que ya han aprendido. Esto es especialmente importante para aplicaciones que evolucionan constantemente, como las recomendaciones personalizadas o el aprendizaje adaptativo. Las técnicas de aprendizaje continuo ayudan a resolver el problema del "olvido catastrófico", en el que un modelo aprende nueva información pero pierde la antigua en el proceso.

Los nuevos enfoques en el procesamiento de datos y la modelización están impulsando la próxima generación de sistemas de IA al mejorar la eficiencia, la precisión y la solidez. Estas innovaciones ayudan a superar los retos asociados a la ampliación y aplicación de la IA en escenarios del mundo real. Mediante la integración de estos métodos avanzados, los desarrolladores e investigadores pueden garantizar que los sistemas de IA sean más fiables, justos y adaptables, lo que en última instancia conducirá a una mayor aceptación y uso de las tecnologías de IA en la sociedad.

Iniciativas y proyectos de investigación

Las iniciativas y proyectos de investigación en el campo de la inteligencia artificial desempeñan un papel crucial en el fomento de la innovación y la resolución de retos complejos. Estas iniciativas abarcan desde programas de investigación académica hasta consorcios industriales y colaboraciones internacionales, y se centran en diversos aspectos de la IA, como el aprendizaje automático, la ética, la explicabilidad y la robustez.

OpenAI es una destacada organización de investigación centrada en el desarrollo y avance de la inteligencia artificial segura y general (AGI). Un proyecto muy conocido de OpenAI es GPT (Generative Pre-trained Transformer), conocido por sus avances en el campo del procesamiento del lenguaje natural. OpenAI también está muy implicada en la investigación sobre la seguridad y la ética de la IA y publica periódicamente resultados de investigación y herramientas accesibles a la comunidad en general.

Google AI es la división de investigación de Google centrada en IA avanzada y aprendizaje automático. Entre sus proyectos más importantes figuran TensorFlow, una biblioteca de software de código abierto para el aprendizaje automático, y el desarrollo de algoritmos para coches autónomos, diagnósticos médicos y procesamiento del lenguaje. Google AI también promueve la explicabilidad y equidad de la IA a través de iniciativas como What-If Tool y Model Cards.

DeepMind, filial de Alphabet, es conocida por su trabajo pionero en la aplicación del aprendizaje profundo y el aprendizaje por refuerzo. Un proyecto notable es AlphaGo, que derrotó por primera vez a un maestro humano de Go. DeepMind también investiga intensamente aplicaciones en medicina, como el uso de IA para predecir enfermedades renales y analizar enfermedades oculares.

Partnership on AI es una organización sin ánimo de lucro fundada por empresas tecnológicas líderes como Amazon, Apple, Facebook, Google y Microsoft. Su objetivo es promover la investigación y el diálogo sobre el impacto ético, social y económico de la IA. La organización apoya proyectos y grupos de trabajo que tratan temas como la equidad, la transparencia, la explicabilidad y la protección de datos en la IA.

AI4EU es un proyecto europeo financiado por la Comisión Europea para crear una plataforma común de IA en Europa. El proyecto pretende apoyar la investigación y la innovación en IA y proporcionar una amplia gama de servicios, herramientas y datos para investigadores, empresas y responsables políticos. AI4EU también fomenta la colaboración entre los distintos agentes del ecosistema de la IA.

FAIR es el departamento de investigación de Facebook centrado en el desarrollo de tecnologías de IA. Los proyectos incluyen avances en visión por ordenador, procesamiento del lenguaje natural y aprendizaje automático. FAIR publica regularmente artículos de investigación y herramientas de código abierto para apoyar a la comunidad de la IA. Un proyecto notable es PyTorch, una biblioteca de aprendizaje automático de código abierto muy utilizada.

IBM Research AI es la división de investigación en IA de IBM y ha realizado importantes contribuciones al desarrollo de tecnologías de IA. Watson, el sistema de computación cognitiva de IBM, es un ejemplo bien conocido que se utiliza en diversos campos como la sanidad, los servicios financieros y la educación. IBM Research AI también se centra en la explicabilidad, equidad y seguridad de los sistemas de IA.

El MIT-IBM Watson AI Lab es una iniciativa de investigación conjunta del Instituto Tecnológico de Massachusetts (MIT) e IBM. El laboratorio investiga sobre diversos temas, como los avances fundamentales en IA, la aplicación de la IA en la industria y la exploración del impacto social de la IA. El objetivo de esta colaboración es ampliar los límites de la IA y desarrollar soluciones innovadoras a problemas del mundo real.

La Iniciativa de IA Centrada en el Ser Humano de la Universidad de Stanford promueve la investigación y el desarrollo de sistemas de IA centrados en el ser humano y éticamente responsables. La iniciativa investiga las implicaciones sociales y éticas de la IA y desarrolla tecnologías que promueven el bienestar humano. HAI promueve la investigación y la colaboración interdisciplinarias para maximizar el impacto positivo de la IA en la sociedad.

El Instituto Alan Turing es el instituto nacional británico de ciencia de datos e inteligencia artificial. Promueve la investigación de vanguardia en los campos del aprendizaje automático, la ciencia de datos y la IA. El Instituto colabora estrechamente con socios de la industria y organizaciones del sector público para desarrollar soluciones innovadoras y promover la aplicación de la IA en toda una serie de sectores.

OpenAI ha realizado importantes avances en la investigación de la IA multimodal con los proyectos DALL-E y CLIP. DALL-E es un modelo capaz de generar imágenes realistas a partir de descripciones de texto, mientras que CLIP (Contrastive Language-Image Pretraining) pretende vincular imágenes y texto de forma que permita una potente búsqueda e interpretación visual. Estos proyectos demuestran el potencial de la IA para ir más allá de las modalidades individuales y dominar tareas complejas.

La Iniciativa para la Integración de la IA en la Sociedad (I-AIM) es una iniciativa mundial centrada en la integración de la IA en la sociedad. Promueve la investigación y el desarrollo de tecnologías de IA que aborden retos sociales y económicos. La iniciativa trabaja en proyectos destinados a mejorar la asistencia sanitaria, la educación y la administración pública mediante la aplicación y difusión de soluciones de IA.

Conclusión

En última instancia, se trata de saber qué crece más rápido: las oportunidades o los riesgos de la inteligencia artificial.

Por un lado, la IA ofrece numerosas ventajas y potencial en muchos ámbitos. En medicina, la IA favorece el diagnóstico y el tratamiento de enfermedades, la medicina personalizada y el desarrollo de nuevos fármacos. Mediante técnicas avanzadas de diagnóstico por imagen y análisis de datos, la IA conduce a diagnósticos más precisos y planes de tratamiento más eficientes. La IA también está ayudando a aumentar la productividad y la eficiencia en las empresas mediante la automatización y optimización de procesos. Al encargarse de tareas repetitivas, los trabajadores pueden concentrarse en tareas más creativas y complejas. La IA también ayuda a resolver problemas medioambientales al reconocer patrones en grandes cantidades de datos, utilizando así los recursos de forma más eficiente y reduciendo las emisiones. En educación e investigación, la IA amplía el acceso al conocimiento y acelera los descubrimientos científicos. Aplicaciones cotidianas como las recomendaciones personalizadas, los asistentes de voz y los vehículos autónomos mejoran la comodidad y la eficiencia en la vida diaria.

Al mismo tiempo, el uso de la IA conlleva riesgos y retos considerables. Uno de los principales problemas es el refuerzo de los prejuicios y la discriminación existentes cuando los sistemas de IA se entrenan con datos sesgados. Esto puede dar lugar a decisiones injustas en ámbitos como la justicia penal, los préstamos y el empleo. La automatización a través de la IA también puede provocar importantes pérdidas de puestos de trabajo, especialmente en sectores que dependen en gran medida de tareas rutinarias. Esto requiere estrategias integrales para reciclar y mejorar la cualificación de la mano de obra afectada. Los riesgos de seguridad derivados de la manipulación y los ciberataques suponen una amenaza adicional, ya que los agentes maliciosos podrían utilizar la IA para causar daños, ya sea mediante ataques selectivos, desinformación u otras actividades delictivas. Muchos sistemas de IA, especialmente los basados en el aprendizaje profundo, son "cajas negras" cuyos procesos de toma de decisiones son difíciles de entender. Esto dificulta la trazabilidad y la rendición de cuentas de las decisiones de IA. El desarrollo y uso de la IA también plantea cuestiones éticas complejas, como la responsabilidad por las decisiones tomadas por los sistemas de IA y el impacto a largo plazo en la sociedad.

Las oportunidades de la IA crecen paralelamente a los riesgos, y es difícil hacer una afirmación generalizada sobre si los riesgos crecen más rápido que las oportunidades. Un punto clave es que la velocidad de crecimiento de los riesgos y las oportunidades depende en gran medida de la regulación, la aplicación de directrices éticas y la aceptación social. Mediante un desarrollo cuidadoso y reflexivo y el uso de protocolos de seguridad y ética, pueden mitigarse muchos riesgos. Sin embargo, esto requiere un enfoque proactivo por parte de la política, la empresa y la ciencia. Es esencial invertir en investigación para reconocer y mitigar los sesgos, mejorar la transparencia de los sistemas de IA y desarrollar medidas de seguridad sólidas.

No se puede afirmar con rotundidad que los riesgos de la IA crezcan más rápido que las oportunidades. Ambas evoluciones son rápidas y paralelas. Lo importante es que la sociedad se tome en serio tanto las oportunidades como los riesgos y adopte medidas específicas para maximizar los beneficios de la IA y minimizar los riesgos. Mediante una innovación responsable, una regulación exhaustiva y consideraciones éticas, se puede encontrar un equilibrio que aproveche los beneficios de la IA y mitigue sus peligros potenciales.